나를 찾는
심리 탐구서

나를 찾는 심리 탐구서

초판 1쇄 발행 2017년 12월 15일 **초판 9쇄 발행** 2023년 7월 20일

지은이 박진영 **그린이** 이고은 **기획** 설완식
펴낸이 이승현

출판3 본부장 최순영
교양 학습 팀장 김솔미 **편집** 김희선
디자인 Studio Marzan 김성미

펴낸곳 (주)위즈덤하우스 **출판등록** 2000년 5월 23일 제13-1071호
주소 서울특별시 마포구 양화로 19 합정오피스빌딩 17층
전화 02) 2179-5600
홈페이지 www.wisdomhouse.co.kr **전자우편** kids@wisdomhouse.co.kr

©박진영 · 설완식, 2017

ISBN 979-11-6220-154-1 43100

나를 찾는 심리 탐구서

박진영 글 ♥ 이고은 그림

위즈덤하우스

♥ 차 례

들어가는 글

♥ "나는 누구일까요?"

밑도 끝도 없이 이런 질문을 던지면 너무 어렵게 느껴집니다.

"뭐, 어쩌라는 거야?"

사실 '나는 누구일까?'라는 질문은 여러분보다 수십 년을 더 산 어른들도 답하기 어려운 질문입니다. 이 질문에 대한 답은 결국 본인이 찾아야 합니다. 누가 대신 대답해 줄 수 있는 게 아니거든요. 나와 제일 많은 시간을 보내며 나의 느낌과 생각을 직접적으로 경험할 수 있는 것은 오직 나이기 때문이죠.

어렵긴 하지만 방법이 없는 건 아닙니다. 멀리 있는 곳을 찾아가더라도 지도와 나침반을 들고 가면 아무것도 없을 때보다 목적지에 좀 더 수월하게 다다를 수 있죠. 또 헤매더라도 언젠가는 길을 찾을 수 있다는 자신감을 가질 수 있습니다. '나는 누구일까?'에 대한 답을 찾는 데에 이 책이 여러분에게 그런 지도와 나침반이 되면 좋겠습니다.

나를 찾는 심리 탐구서

1

나는 누구일까?

서현이는 어떤 사람일까?

♥ 서현이라는 친구가 있습니다. 서현이에 대해서 아는 정보라고는 이름, 학년, 반, 출석 번호 정도뿐입니다. 이야기를 나누어도 서현이는 항상 숙제나 시험 등에 대해서만 이야기합니다. 자신의 속마음보다 주변 사람들이 자기에게 무엇을 바라는지에 대해서만 이야기합니다. "부모님이 공부를 잘해야 한다고 했어. 부지런하게 일해야 한대. 돈을 많이 버는 사람이 되어야 한대." 같은 말만 하지요.

서현이는 어떤 사람일까요? 서현이가 좋아하는 것은 무엇일까요? 싫어하는 것은 무엇일까요? 서현이를 행복하게 만들어 주는 것은 무엇일까요? 서현이는 행복할까요? 서현이가 어떤 사람인지 알기 위해서 필요한 정보는 무엇일까요? 무엇을 물어보면 서현이가 어떤 사람인지 알 수 있을까요?

서현이의 이름이나 학교, 서현이의 주변 사람들이 서현이에게 무엇을 바라는지 같은 정보만 알면 서현이가 정말 어떤 사람인지, 어떤 생각을 하는지, 무엇을 할 때 행복한지 알기 어렵습니다.

이렇게 서현이의 속마음에 대해서 아는 게 하나도 없다면 서현이와 아주 어렸을 때부터 친구였다 해도 서현이를 잘 안다고 할 수 없습니다. 어떤 사람인지도 알 수 없는 서현이를 좋아할 수 있을까요? 아마 어려울 거예요. 좋아한다고 해도 그건 진짜 서현이가 아닌 '내가 맘대로 상상한 서현이'일지도 모르죠.

'나'도 마찬가지입니다. 나에 대해 아는 정보라고는 이름, 나이, 성별, 나를 향한 부모님과 선생님의 기대밖에 없다면 나는 나를 잘 알고 있다고 하긴 어려울 거예요. 이렇게 누군지도 모르는 나를 좋아하는 것 역시 어려울 겁니다.

나를 알지 못하면 괴롭다

♥ 서현이의 경우처럼 오랜 시간 곁에서 봐 왔어도 그 사람에 대해 아는 게 없다면 답답하다고 느낄 겁니다. "저 사람이 어떤 사람인지 도무지 모르겠어. 정말 답답해." 나에 대해서도 마찬가지입니다. 나와 제일 오랜 시간을 보내지만 여전히 내가 어떤 사람인지, 어떤 속마음을 가지고 있는지, 무엇을 할 때 행복한지 잘 모르면 답답하고 우울해질 수밖에 없어요. 스스로를 괜찮은 사람이라고 여기고 좋아하는 건강한 자존감을 갖기도 어렵습니다.

살면서 우리는 수많은 결정을 합니다. 오늘 뭘 먹을지, 어떤 물건을 살지부터 어떤 친구들을 사귈지, 어떤 모임에 들어갈지, 앞으로 어떤 일을 할 것인지 등 다양한 결정을 해야 하죠.

게임을 할 때에도 내가 선택한 게임 캐릭터가 어떤 특성을 가지고 있는지, 어떤 기술과 아이템을 쓸 수 있는지 등을 알아야 게임을 손쉽게 할 수 있죠. 캐릭터에 대해 아무것도 모르면, 어떻게 게임을 해야 할지 당황스럽지요.

내가 무엇을 좋아하고 잘하는지, 무엇을 싫어하고 못하는지, 어떤 사람들과 어울리는 것을 좋아하고 불편해 하는지, 무엇을 할 때 즐겁고 행복한지 잘 알고 있는 사람들은 자신감을 가지고 스스럼없이 결정을 내릴 수 있습니다.

반면 평소에 자신에 대해 별로 생각해 보지 않았거나 아는 것이 별로 없는 사람들은 무엇이든 결정하는 걸 어려워할 수밖에 없습니다. 그러다 보니 주변에서 하라는 대로만 하다가 뒤늦게 후회하는 일이 많죠. 이렇게 내 삶을 이끄는 주인공이 내가 아니라 다른 사람이라면 진정한 내 삶을 살고 있다고 할 수 있을까요?

나를 아는 것만으로도 좋아진다

♥ 이렇게 자신을 알지 못하면 마음도 괴롭고 자신에게 잘 맞는 사람, 일, 환경을 찾기도 어려워집니다. 반면 나를 잘 알면 기분이

좋고 내 삶이 괜찮고 의미 있다고 느낍니다.

특히 친구들과 어울리는 것이 어렵거나 중요한 시험을 앞두고 걱정이 될 때처럼 삶이 힘들 때 자신을 잘 아는 사람들은 자신감을 갖고 두려움을 잘 이겨 내는 모습을 보입니다.

실제로 자신이 어떤 사람인지, 무엇이 자신에게 중요한지 생각만 해도 두려움이 줄어들고 자신감이 생기는 현상이 나타납니다.[1] 내가 어떤 사람인지, 나에게 중요한 것이 무엇인지 떠올리면서 '그래, 난 이런 사람이었어!', '나는 해낼 수 있을 거야.' 같은 생각을 갖게 되죠. 마치 게임을 할 때 새로운 기술과 아이템을 갖는 것처럼요.

구체적으로 자신에게 어떤 장점이 있는지 생각해 본 사람들은 '나는 긴장하더라도 실전에 강한 편이니까 괜찮아.', '나는 꼼꼼하고 집중을 잘하는 편이니까 괜찮아.', '이전에도 비슷한 일들을 잘한 적이 있으니까 괜찮아.' 같이 긍정적으로 생각하며 실제로 더 좋은 결과를 이루기도 합니다.

내가 어떤 사람인지 아는 것, 나에게 어떤 장점이 있는지를 아는 것만으로 우리는 큰 힘을 낼 수 있다는 사실을 기억합시다. 지금부터 차근차근 내가 어떤 사람인지 알아보도록 합시다.

나는 누구일까?

질문

잘 모르겠다면, 내 모습을 머릿속에 떠올려 보세요.
예를 들어, '난 단발머리다.' 이렇게 적어 보는 겁니다.

나

나

질문

너무 깊이 생각하지 않아도 돼요.

나

나

나

나는 달리기를 잘한다.

16

내가 적은 문장을 찬찬히 살펴보도록 합시다.

어떤 내용들이 담겨 있나요? 이렇게 나에 대해 직접 적어 보면, 내가 나를 어떤 사람이라고 생각하고 있는지, 나에게 중요한 것이 무엇인지 간략하게나마 살펴볼 수 있어요.

"나는 학생이다, 나는 딸 또는 아들이다, 나는 어디에 사는 사람이다, 나는 성실하다, 나는 친절하다, 나는 새로운 것을 아는 게 좋다, 나는 여행을 좋아한다, 나는 행복한 사람이다, 나는 엉뚱하고 재미있는 사람이다, 나는 노력하는 사람이다, 나는 호기심이 많은 사람이다, 나는 창의적인 사람이다, 나는 사랑 받는 사람이다, 나는 내가 좋다."

사람들은 대부분 이런 문장을 적습니다. 내가 적은 문장들을 다시 찬찬히 살펴봅시다. 내가 평소 생각하는 것, 느끼는 것이 잘 담겨 있나요? 내가 좋아하는 것이나 잘하는 것들도 표현되어 있나요? 아직 잘 모르겠다고요? 그래도 괜찮습니다. 이 책을 읽으면서 더 많이 생각할 수 있는 기회가 있으니까요.

내 안에 나를 아는 게 중요하다

♥ 다시 나에 대해 적은 문장들을 들여다봅시다. 보통 사람들이 자기 자신에 대해 이야기하는 내용을 크게 두 가지로 나눠 볼 수 있습니다. 직업, 성별, 사는 곳 등 겉으로 드러나는 객관적인 요소가 한 가지입니다. 그리고 느낌, 생각, 취향 등 내면에 치중한 주관적 요소가 또 다른 하나입니다.

심리학자들은 겉으로 보이는 나의 객관적인 요소를 '겉으로 드러나는 나' 또는 '어떤 대상으로서의 나'라고 말하지요. 속마음 같은 주관적인 요소는 '주체로서의 나'라고 부릅니다.

'겉으로 드러나는 나'는 나이, 남성, 여성, 직업같이 대부분 나의 속마음과 상관없이 겉으로 보여지는 모습들이고, 많은 경우 내가 원하든 원하지 않든 갖게 된 특성이지요. 반면 '주체로서의 나'는 어떤 생각을 하고 어떤 느낌을 갖는지 등 좀 더 나를 나답게 만들어 주는 특징이라고 할 수 있습니다.

연구에 의하면 사람들은 흔히 자신의 외적이고 객관적인 요소보다 내적이고 주관적인 요소를 '진짜 내 모습'이라고 생각하는 경향을 보인다고 해요.[2]

같은 학교에 다니고 학년과 반도 같고 키와 몸무게도 같지만 성격이나 취향, 생각이 전혀 다른 두 사람이 있다고 해 봅시다. 둘은 서로 비슷하다고 할 수 있을까요? 아마 그렇지 않을 거예요. 반대로 외적인 조건은 전혀 다르다고 해도 성격, 취향, 생각이 비슷하면 두 사람은 비슷하다고 여겨지지요. 이렇게 어떤 사람을 그 사람답게 만드는 것은 겉모습보다 속마음에 달려 있습니다.

앞에서 나에 대해 적은 문장들에 내가 좋아하는 것, 나를 행복하게 해 주는 것, 내가 중요하게 생각하는 것, 성격이나 취향 등 나의 내면을 설명해 주는 요소들이 충분히 담겨 있나요? 그렇다면 다행입니다. 자기 자신을 아주 잘 발견해 나가고 있어요. 그렇지 않아도 괜찮습니다. 아직 나에 대해 발견을 할 기회가 많다는 거니까요. 나를 찾아 나서는 길은 용기가 필요하지만 그만큼 즐거운 모험이랍니다.

나에 대해 적어 보니,
생각만 할 때와는
다른 것 같아.
나를 좀 더
알게 되는 것 같다고
할까?

　　　　　　　　　　　　　　　　　나는 누구일까?

진짜 내 모습을 찾아보자

♡ 나를 '실제 나'와 '진정한 나'로 나누기도 합니다.³ '실제 나'는 하루하루 일상의 내 모습입니다. 아침에 일어나서 학교에 가고 학원에 가고 집에 와서 숙제를 하다가 자기를 반복하는 현재 진행형인 내 모습이라고 할 수 있죠. 반면 '진정한 나'는 현재 내 모습에서 잘 드러나지 않더라도 어떤 생각과 느낌을 가지고 있는지, 무엇을 원하는지와 관련된 내 모습입니다. 하루하루 얌전하고 착실한 학생으로 살아가지만, 실은 모험을 좋아하고 엉뚱한 상상을 즐기는 등의 '나다운 모습' 말이지요. 언뜻 봐서는 잘 드러나지 않지만 실제로 나의 많은 부분을 차지하지요.

평소에 진정한 내 모습에 대해 많이 생각하고, 자기가 진짜 어떤 사람인지 잘 알고 있는 사람들은 자신의 삶이 의미 있고 공허하지 않다고 느끼는 경우가 많습니다. 매일매일 힘들게 지내고 있더라도 진짜 나는 더 다채로운 모습의 사람이라는 걸 알고 있기 때문이지요. 반대로 진짜 내 모습을 알지 못하면 아무리 열심히 살아도 '매일매일이 공허해. 내가 누군지 모르겠어.' 같은 말을 하기 쉽습니다. 내가 생각하는 진짜 내 모습은 어떤 것들이 있을까요?

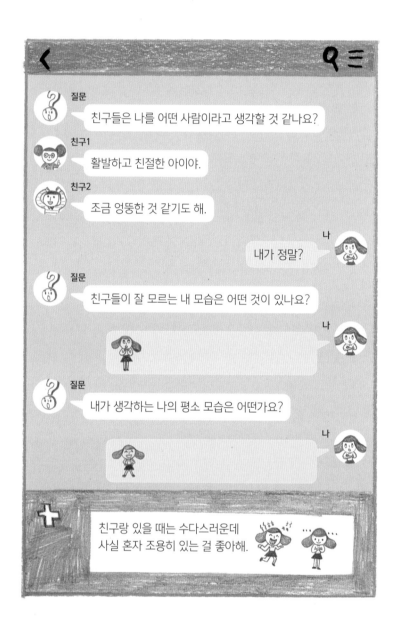

질문
친구들은 나를 어떤 사람이라고 생각할 것 같나요?

친구1
활발하고 친절한 아이야.

친구2
조금 엉뚱한 것 같기도 해.

나
내가 정말?

질문
친구들이 잘 모르는 내 모습은 어떤 것이 있나요?

나

질문
내가 생각하는 나의 평소 모습은 어떤가요?

나

친구랑 있을 때는 수다스러운데
사실 혼자 조용히 있는 걸 좋아해.

어떤 사람이 될 것인가

♥ 사람은 현재뿐 아니라 '미래'를 생각할 수 있는 동물입니다. 나중에 커서 뭐가 되면 좋겠다든가, 이러저러한 삶을 살고 싶다든가 하는 '꿈'을 그리는 존재이지요. 어떤 인생을 살고 싶다는 꿈을 그리는 나, 되고 싶은 이상적인 나, '이상적 자아'입니다.[4] 가장 되고 싶은 내 모습을 생각해 봤을 때 떠오르는 내 모습 말이에요. 우리는 실제 이상적인 나가 되려고 애쓴 결과 꿈에 더 가까워지곤 합니다.

여러분은 어떤 꿈을 가지고 있나요? 내용이 구체적일 필요는 없어요. 앞으로의 삶이 어떤 모습이면 좋겠는지 정도만 생각해 보는 겁니다. 마음이 맞는 친구들과 내가 좋아하는 일들을 하며 즐겁게 살았으면 좋겠다는 생각도 좋습니다. 꼭 직업이나 일과 연결 짓지 않아도 됩니다. 사랑을 베푸는 삶, 평화를 위해 애쓰는 삶, 서로 도우며 사는 삶, 정의를 위해 힘쓰는 삶, 자유를 만끽하는 삶, 매일매일 즐거운 삶, 배우고 성장하는 삶 등 '이렇게 살고 싶다.' 정도면 됩니다. 그런 생각을 하면 어디서 무엇을 하든 나답게 살게 될 가능성이 높아집니다.

반면 '과학자나 정치인이나 사업가가 되고 싶다.'처럼 '무엇'이 되고 싶다는 목표는 있지만 '어떻게' 살고 싶다는 목표가 없다면, 실제 되고 싶은 게 되더라도 별로 행복하지 않을 가능성이 높습니다.

나중에 무엇이 되든지 간에 꼭 지키고 싶은 생활 습관이라든가, 살고 싶은 모습을 생각해 본 적이 있나요? 예컨대 마당이 있는 집에서 강아지 세 마리를 키우고 싶다거나 친한 친구들과 자주 만나서 즐겁게 이야기를 나누며 살고 싶다거나 사람들을 도우며 보람차게 살고 싶다거나 공연, 영화, 책 등을 많이 보며 살고 싶다거나 같은 모습 말이지요.

어떻게 살고 싶은지 한번 마음속에 그려 볼까요? 글로 적어 봐도 좋습니다.

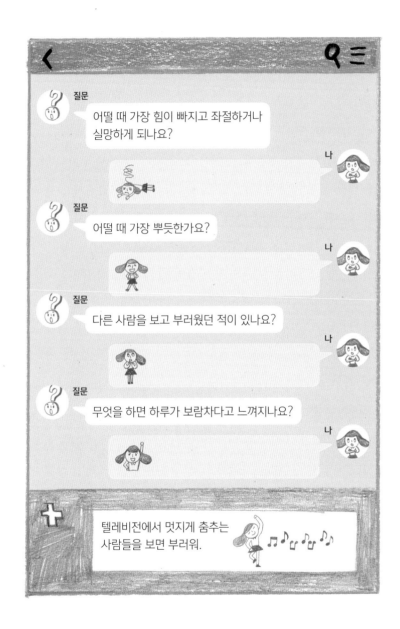

질문

어떨 때 가장 힘이 빠지고 좌절하거나 실망하게 되나요?

나

질문

어떨 때 가장 뿌듯한가요?

나

질문

다른 사람을 보고 부러웠던 적이 있나요?

나

질문

무엇을 하면 하루가 보람차다고 느껴지나요?

나

텔레비전에서 멋지게 춤추는 사람들을 보면 부러워.

나는 누구일까?

나라고 착각하지 말자

♥ 부모님이나 선생님 등 주변 사람이나 사회가 이러이러한 사람이 되어야 한다고 주입하는, 되어야 하는 나를 '의무적 자아'라고 합니다.[5] 성적이 좋은 사람, 말을 잘 듣는 사람, 지각하지 않는 사람, 학원에 꼬박꼬박 잘 가는 사람 등 내가 원하든 원치 않든 주변에서 요구하는 내 모습 말이에요. 부모님이나 선생님, 또 친구들이 내게 요구하는 모습은 어떤 것이 있나요? 혹시 주변에서 요구해서 억지로 그런 척 행동한 적이 있지 않나요?

이런 의무적 자아는 이상적 자아와 다른 것이라는 걸 기억합시다. 혹시 주변에서 원하는 나의 모습을 내가 원하는 것으로 착각하고 있지는 않은지 생각해 봅시다. 또는 내가 원하는 나의 모습에 대한 생각 없이 그저 주변 사람들이 원하는 삶을 살기 위해 노력하고 있는 것은 아닌지 생각해 봅시다.

"네가 정말로 원하는 거야?"라는 질문을 받았을 때 확신이 서지 않는다면 다시 생각해 보는 것이 좋습니다. 내가 정말 좋아하고 원하는 것이 아니라면 그것을 못해도 크게 실망할 필요는 없습니다. 애초에 내가 진정으로 원한 게 아니었으니 말이죠.

목표를 찾아보자

♥ 이번에는 좀 더 무거운 질문을 해 봅시다. 살면서 '이것만은 꼭 이루고 싶어!'라고 생각하는 목표는 무엇인가요?

내일 시험에서 좋은 성적을 받기, 좋은 성적을 위해 오늘 열심히 공부하기 같은 것들은 당장 해야 하는 단기적인 목표지요. 믿고 의지할 수 있는 단짝 만들기, 평생 먹고살 직업 갖기, 세계 일주하기 등은 장기적인 목표라 할 수 있겠죠.

나의 '장기적인 목표'들을 몇 가지 생각해 보도록 합시다. 정리하는 것만으로도 그 일들을 실제로 성취하게 될 확률이 더 높아지니까요. 오 년 후에 꼭 이루고 싶은 목표를 떠올려 보세요. 한두 명이라도 친한 친구 만들기, 좋아하는 과목 공부하기, 일찍 일어나기, 운동을 열심히 해서 튼튼해지기, 게임을 열심히 해서 프로의 실력을 갖기, 책 백 권 읽기, 봉사 활동 백 시간 하기, 좋아하는 캐릭터 인형 전부 모으기 등 무엇이든 좋습니다. 다른 사람들이 하라고 얘기하는 것보다 온전히 '내가' 중요하다고 생각하는 것들 위주로 적어 보도록 해요.

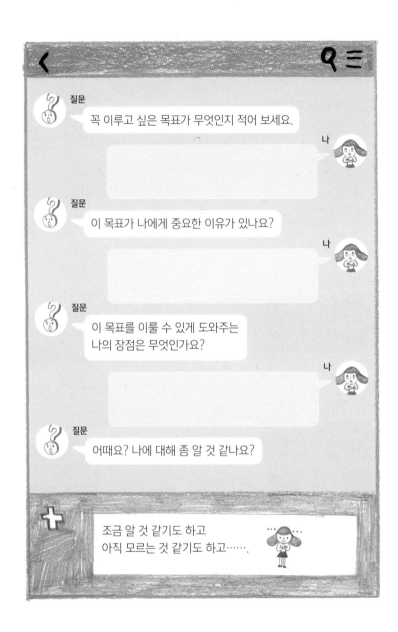

질문
꼭 이루고 싶은 목표가 무엇인지 적어 보세요.

나

질문
이 목표가 나에게 중요한 이유가 있나요?

나

질문
이 목표를 이룰 수 있게 도와주는
나의 장점은 무엇인가요?

나

질문
어때요? 나에 대해 좀 알 것 같나요?

조금 알 것 같기도 하고
아직 모르는 것 같기도 하고…….

힘들 때, 무엇을 선택할지 잘 모를 때, 나에 대해 적어 본 문장들을 찬찬히 읽어 보세요. 그것만으로도 나에게 어떤 장점이 있는지, 나의 목표는 무엇인지 다시 떠오르면서 길을 찾게 될 거예요.

나는 복잡한 존재

우리는 복잡한 존재다

♥ 단 한 문장으로 나를 설명해 봅시다. 가능할까요?

지금까지 '나'에 대해서 생각해 보면서 느꼈겠지만 우리는 참 '복잡한' 존재입니다. 한 문장으로 나라는 사람을 전부 설명하기는 어렵지요. 예를 들어, 나는 활발하고 잘 웃지만 생각도 많고 호기심도 왕성합니다. 나는 소설책을 좋아하지만 만화책도 좋아합니다. 나는 태평한 편이지만 때로는 걱정이 많기도 하죠. 이렇게 서로 다른 다양한 모습들이 내게 존재합니다.

자신의 다양하고 복잡한 모습을 알고 있는 것은 우리의 행복에도 도움이 됩니다. 나에 대해 중요한 사실을 단 한 가지밖에 모른다고 해 봅시다. '나는 공부를 잘하는 사람이다.'가 내가 생각하는 나의 전부인 경우를 상상해 보세요.

이런 경우 운이 나쁘거나 실수를 해서 성적이 조금이라도 떨어지면 자기 자신에 대해 엄청난 실망을 하게 됩니다. 심하게는 '나는 쓸모없는 존재'라는 생각까지 하죠. 실은 그렇지 않음에도 불구하고 나라는 사람의 가치가 성적 하나에 온전히 달려 있는 것처럼 느껴지기 때문입니다.

반면 자기 자신의 다양한 모습을 알고 있으면 '성적이 조금 떨어졌어도 나의 가치는 변하지 않아. 나는 여전히 호기심이 많고 생각이 깊으며 열심히 노력하는 사람이야.' 같은 생각을 하며 좌절을 이겨 내는 것이 가능하죠.

가지가 단 하나인 나무는 그 가지 하나가 병들면 살아남기 어렵지만, 가지가 여러 개인 나무는 그중 하나가 부러져도 여전히 울창하게 자라는 것과 같은 이치입니다.

나는 '복잡한 사람'이라는 것을 생각해 봅시다. 수많은 느낌, 생각, 경험들을 떠올려 보며 '나'라는 나무의 가지를 풍성하게 늘려 보는 거예요.

내가 생각하는 의외의 내 모습을 떠올려 보세요. 나는 알록달록 다양한 색깔을 가진 사람이라는 생각이 들 거예요. 좀 더 다양한 색깔로 내 세상을 풍성하게 채워 봅시다.

혈액형으로 나를 알 수 있다고?

♥ 사람은 이렇게나 복잡한 존재인데 고작 '혈액형'으로 어떤 사람이라고 규정하는 게 가능할까요?

연구에 의하면 혈액형과 성격 사이에는 아무런 관계가 없습니다. 다만 혈액형 성격론을 굳게 믿고 있는 사람들은 실제 그렇게

될 가능성이 높다는 보고가 있습니다.[6]

"나는 □형이니까 원래 그래!"라며 자신의 행동을 혈액형 탓으로 돌리는 사람들입니다. 이 경우 주변 사람들로부터 "너는 정말 □형 같구나."라는 반응을 얻게 되죠. 그러면 점점 더 그 특성을 자신의 본모습인 양 생각하게 됩니다.

혈액형 성격에 대한 잘못된 믿음이 계속 유지되는 이유는 뭘까요? '당신은 활발하지만 때론 차분하고, 즐거운 편이지만 외로움을 느끼고, 대범한 것 같지만 작은 말에 상처를 잘 받기도 하는 여린 마음의 소유자' 같이 일반적으로 누구에게나 있을 법한 모습을 설명하면 사람들은 "이거 완전 내 얘기!"라는 반응을 보입니다. 누구나 한 번쯤은 이러한 경험을 하게 되기 때문이죠.

혈액형 성격이 설득력 있게 들리는 이유 역시 마찬가지입니다. 단 한 번도 소심한 적이 없거나 제멋대로 행동한 적이 없는 사람은 없을 거예요. 그렇기 때문에 '당신은 소심하기도 하지만 때론 제멋대로 행동하기도 합니다.'라는 이야기를 들으면 자신의 경험을 떠올리며 '맞아! 정말 그랬어!'라고 반응합니다.

한 심리학자는 다음과 같은 실험을 했어요. 사람들에게 당신의 별자리에 해당되는 성격 특성이라며 '당신은 이러이러한 사람입니다.'라고 말했어요. 그랬더니 90퍼센트(%)에 달하는 사람들이 자신의 성격과 맞다고 했어요. 하지만 사실 사람들에게 말한

난 A형이지만 활발하고 좋고 싫음이 분명해. 그럼 난 A형이야, B형이야, O형이야, AB형이야?

성격 특성은 별자리와 전혀 상관없는 내용으로 지어낸 이야기였지요. 대부분의 사람들에게 해당이 되는 일반적이고 보편적인 이야기를 마치 자기만의 이야기인 것처럼 받아들이는 현상을 '바넘(Barnum) 효과'라고 부릅니다.[7]

어떤 사람들은 혈액형, 별자리 성격 등을 재미로 본다고 이야기합니다. 그래도 역시 조심해야 합니다. 내 얘기라며 나를 그런 사람으로 단정 짓는 순간, 정말 그런 사람이 될 수 있기 때문입니다.

사람들은 보고 싶은 것만 보고 믿고 싶은 것만 믿는 편이지요. 자기 마음에 드는 이야기만 쏙쏙 취하는 것이죠. 어떤 사람에 대해 '나쁜 사람'이라는 생각을 갖게 되었다고 해 봅시다. 이럴 경우 그 사람이 어떤 행동을 하든 밉게 보입니다. 그 사람이 좋은 일을 하더라도 그건 예외일 뿐이라며 여전히 그 사람을 나쁘게 생각하죠. 그러다가 그 사람이 실수라도 하게 되면 "역시 내 생각이 맞았어."라며 기다렸다는 듯 자신의 생각을 굳히게 됩니다. 이렇게 자기 마음에 드는 정보만 쏙쏙 골라 기존의 믿음을 더 강화하는 현상을 '확증 편향'이라고 합니다.

혈액형 성격론을 너무 믿으면, 자신의 특성 중 혈액형 성격론과 맞지 않는 사례들은 아예 보지 않거나 예외일 뿐이라고 무시하게 됩니다. 잘 맞는 사례들만 쏙쏙 골라서 '역시 난 이런 사람이야.'라고 생각하게 되죠. 그 결과 다양한 나의 모습과 가능성을 놓쳐 버릴 수 있습니다. 재미를 얻는 대신 진짜 내 모습을 발견하지 못하면 너무 큰 손해가 아닐까요?

내가 나라는 사람을 한두 가지로 규정하지 않고 '오늘은 또 어떤 내 모습을 발견할 수 있을까? 기대된다!'라는 열린 마음을 가질 때 더 다양한 내 모습을 발견할 수 있다는 점을 기억해 봅시다.

나는 복잡한 존재

정체성은 바뀐다

♥ 사람들이 자기 자신을 어떤 사람이라고 생각하는지를 '정체성'이라고 말합니다. 사람들은 '나는 어떤 사람이다.'라는 개념을 대략 가지고 있는 편입니다. 하지만 이런 정체성은 고정되어 있는 게 아니라 때와 상황에 따라 변하곤 합니다.

친구 앞에서 내 모습과 부모님이나 선생님 앞에서 내 모습이 같나요? 아마 아닐 거예요. 우리는 누구랑 있느냐에 따라 행동이 달라지곤 합니다. 친구들 앞에서는 쾌활하고 장난기 넘치는 모습을 보이는 반면, 어른들 앞에서는 점잖고 진지한 모습을 보일 수도 있죠. 카멜레온이 주변의 색깔에 따라 자신의 색깔을 바꾸듯, 우리는 주어진 '상황'과 '대상'에 따라 자신의 모습을 조금씩 바꾸는 '사회적 카멜레온'입니다.

흑인이나 백인 같은 '인종'이라는 정체성은 어딜 가든 변하지 않을 것 같지만 사회와 시대에 따라 변하기도 합니다. 1938년 미국 법정에서 한 여성의 인종에 대한 논란이 있었습니다. 이 여성의 조상들은 전부 백인인데 딱 한 명, 고조할머니가 흑인이었습니다. 법정에서 '이 여성은 과연 흑인인가, 백인인가?'라는 논란이 일었어요. 당시 미국 법에 의하면 조상의 16분의 1 이상이 흑인이면 흑인인 것으로 판단했어요. 당시엔 백인과 흑인의 결혼이 불법이라 이 여성이 흑인이라고 판단될 경우, 백인인 남편이 이혼을 신청할 수 있었지요.[8] 인종도 사회의 기준에 따라 변할 수 있다는 것을 잘 보여 주는 일화이지요.

나의 정체성도 스스로 정하는 것 같지만 시대와 사회의 영향을 많이 받습니다. 대한민국에 살고 있는 우리도 조선 시대에 태어났다면 당시 신분 제도에 의해 양반이나 평민, 노비의 정체성을 갖겠죠. 다행히 지금은 아니지만요.

혼자 있을 때 나와
밖에 있을 때 나는 다르다

♥ 일상생활에서도 우리의 정체성은 고정되어 있지 않고 상황에 따라 변합니다. 우선 '나를 지켜보는 사람이 존재하느냐'에 따라 우리의 모습은 크게 달라집니다.

집에서는 헝클어진 머리에 늘어진 옷을 입고 세수도 하지 않은 채 있곤 하지만, 밖에 나갈 때는 세수를 하고 머리를 빗고 멋들어진 옷을 입고 전혀 다른 모습으로 나서곤 하죠. 집에서 편안한 나의 모습처럼 나를 바라보는 사람이 존재하지 않을 때의 내 모습을 '사적 자아'라고 합니다. 반면 밖에 나갈 때 나의 모습처럼 사람들의 기대에 부합하려고 노력하는 나의 모습을 '공적 자아'라고 합니다.

우리는 타인과 떨어져서 살아갈 수 없는 사회적 동물이기 때문에 사람들의 시선을 의식하고 사람들의 기대에 어느 정도 부합하는 사람이 되려고 노력합니다. 나를 바라보는 사람이 없을 때의 나와 나를 바라보는 사람이 있을 때의 내가 달라지는 이유이기도 하죠.

사람들을 의식하지 않는다면 어떻게 될까요? 아마 대부분의 사람들은 세수도 하지 않고 옷도 아무거나 대충 입고 다닐 거예요. 수업 중에 책상에 다리를 떡 올려놓거나, 갑자기 이상한 춤을 추거나, 바닥에 철퍼덕 누워 버릴지도 모릅니다. 누가 날 어떻게

보건, 뭐라고 하건 전혀 신경 쓰지 않는다면 말이에요.

하지만 실제로 맨날 이런 행동을 하면 친구들이나 선생님은 나를 '이상한 사람'이라고 생각할 거고, 주변 사람들과 좋은 관계를 이어갈 수 없을 거예요. 그래서 우리는 조금 불편하더라도 어떤 행동은 안 되고 어떤 행동은 괜찮다는 바깥세상의 규칙에 따라 스스로 행동을 조절합니다.

혹시 밖에서의 모습과 혼자 있을 때 모습이 달라서 고민이라면 크게 신경 쓰지 않아도 됩니다. 사회적 동물로서 잘 살아가기 위한 자연스러운 모습이기 때문이죠. 하지만 그 모습의 차이가 너무 크면 그건 좀 위험할 수 있어요. 다른 사람들을 위해 행동을 조금 조절하거나 포장하는 것에서 너무 나아가 전혀 내가 아닌 모습을 내 모습처럼 보이게 하는 거짓말을 계속하면, 내가 정말 어떤 사람인지 모르게 되거나 내가 아닌 걸 나라고 스스로 믿게 될 수도 있기 때문입니다.

내 모습을 숨기지 말자

♥ 사람들에게 보이고 싶은 모습이 실제 모습과 너무 달라서 자신을 숨겨야 하는 지경에 이르면 안 좋은 일들이 생깁니다.

나는 복잡한 존재

늘 다른 사람인 척 가면을 쓰고 살아가야 한다고 생각해 봅시다. 원래 말수가 적은 편인데 말을 많이 하려고 애쓰고, 게임을 좋아하지 않는데 게임을 엄청 좋아하는 척하고, 기분이 별로 좋지 않은데 좋은 척 웃고, 원래 느리게 먹는 편인데 주변 사람들의 속도에 맞춰 빨리 먹는 등 말이에요.

이렇게 나와 다른 모습을 연기하는 경우 정신력을 많이 소모하게 됩니다. 자연스러운 모습이 아니기 때문에 늘 신경 쓰면서 행동을 조절해야 하죠. 이렇게 계속해서 눈치를 보고 감정을 조절하고 목소리나 표정을 관리하는 것은 우리 뇌의 매우 발달된 능력을 필요로 합니다. 컴퓨터도 복잡한 프로그램을 돌리거나 여러 프로그램을 동시에 돌리면 느려지거나 작동이 되지 않죠. 우리의 뇌 역시 마찬가지예요. 흔히 정신력은 무한히 쓸 수 있는 것처럼 얘기하지만 그렇지 않아요. 우리의 정신력은 한정되어 있으며 지나치게 많이 쓰면 성능이 떨어져요. 정신력이 방전되는 듯한 현상이 나타나는데, 이를 '자아 고갈' 현상이라고 합니다.[9]

게임에서 '필살기'를 쓸 때는 많은 에너지가 소모되기 때문에 아무 때나 쓸 수 없는 것처럼 우리의 정신력도 한정되어 있습니다. 고도의 집중력을 발휘하거나 복잡한 생각을 하거나 다른 사람인 척 연기하는 등의 기술은 인간에게만 있는 '필살기'와 같아서 아무 때나 계속해서 쓸 수 있는 게 아닙니다. 소모된 에너지를 회복하기 위해서는 달달한 걸 먹거나 잠을 자거나 쉬는 시간을 갖는 것이 필요해요. 그렇지 않고 이런 필살기를 무리해서 계속 쓰면 곧 지치고 말지요.

밤에 혈당이 낮은 사람들은 그렇지 않은 사람들에 비해 감정 조절을 못해서 작은 일에도 쉽게 화를 내고 부부 싸움도 더 격렬하게 한다는 연구 결과도 있습니다. 또 복잡한 문제를 푸는 등 머리를 많이 쓰는 사람들은 '차갑다'거나 '친절하지 않다'는 평가를 받기도 하지요. 화를 내지 않으려고 감정을 조절하거나 친절하게 행동하려면 많은 에너지가 소모된다는 걸 알 수 있지요.

화를 참는다거나 즐거운 척을 하거나 친절한 사람으로 보여야만 하는 상황같이 편안한 내 모습으로 있을 수 없을 때 힘들다고 느낀 적이 있다면 매우 자연스러운 현상입니다. 이러한 일들이 실제로 많은 에너지를 요구하기 때문이죠. 나를 꾸미고 가면을 쓰는 것은 진짜로 많은 에너지가 소모되는 힘든 일입니다.

그래서 나의 성격이나 가치관, 목표, 느낌, 생각에 대해 거짓말을 하거나 숨길 필요가 없는 친구, 나를 있는 그대로 받아 줄 수 있는 친구가 필요합니다. 이런 친구들과 함께 있을 때 우리는 힘들지 않지요. 또 진정한 나의 모습을 좀 더 알 수 있는 기회도 얻을 수 있습니다. 친구에게 솔직한 내 모습을 보였을 때 '너는 참 생각이 깊구나.' 또는 '호기심이 많구나.' 등 친구가 말해 주는 내

나는 복잡한 존재

모습을 통해서도 우리는 스스로에 대해 더 많은 발견을 할 수 있습니다.

특히 부모님 앞에서 자연스러운 내 모습을 꼭꼭 숨겨야 한다면, 부모님과 진짜 내 모습에 대해 이야기해 보는 것이 좋습니다. 그렇지 않으면 부모님과 함께하는 시간이 계속해서 힘들고 괴로울 테니까요.

편견과 차별은 나쁘다

♥ 사람들에게 자신이 어떤 사람인지 이야기하라고 합니다. 그런데 이야기하는 도중 자신에 대한 중요한 사실을 몇 가지 숨기고 다른 사람인 척 이야기해 보라고 합니다. 이런 요구를 받은 사람들은 그렇지 않은 사람들에 비해 이후 진행된 테스트에서 숨은 그림 찾기 같은 공간 지각력은 약 17퍼센트, 힘을 주고 오래 버티기 같은 지구력 테스트는 약 20퍼센트 정도 떨어지는 경향이 나타났습니다. 짜증 나는 상황에서 친절하게 행동하기 같은 감정 조절 능력도 잘하지 못하는 모습을 보이기도 했지요.[10] 이렇게 자신을 숨기는 일은 많은 부작용을 일으킵니다.

따라서 나를 숨기지 않는 것이 좋습니다. 그렇게 되기 위해서는 앞서 언급한 것처럼 있는 그대로의 나를 내보일 수 있는 환경, 있는 그대로 나를 받아 줄 수 있는 사람들이 중요해요. 자연스러운 내 모습대로 행동했는데 사람들이 매우 싫어하거나 심지어 나에게 벌을 준다면, 우리는 자연스러운 내 모습으로 있을 수 없을 테니까요.

슬프게도 보통 사람들에 비해 더 많이 자신의 원래 모습을 숨기도록 강요받는 사람들이 있습니다. 인종, 성별, 성적 지향, 학력, 출신 지역, 장애, 소득 수준 등 다양한 이유로 편견의 대상이 되고 차별 대우를 받는 사람들이지요. 이런 사람들은 자기 자신을 있는 그대로 내보였을 때 사람들이 자신에 대해 좋지 않은 인상을 갖게 될까 봐, 수군거릴까 봐 두려워서 자신을 숨깁니다.

차별 받는 것도 억울한데 차별로 인해서 자신을 숨기게 되고 그로 인해 부작용까지 겪게 될 수 있습니다. 그런 사람은 원래 잘하던 일도 못할 수 있어요. 보통 남들과 다르거나 못났기 때문에 차별 받을 만하다고 생각하는데, 실은 그게 아니라 차별 받기 때문에 못하는 것일 수 있습니다. 이런 점에서도 차별은 나쁩니다.

나는 복잡한 존재

여성은 남성보다 수학을 못한다고?

♥ 저의 경우 어렸을 때 집안 사정이 좋지 않았어요. 어느 날 누군가가 '못사는 아이들은 나중에 커서 행실이 나빠진다.'고 이야기하는 것을 들었습니다. 그 말을 듣는 순간 심장이 내려앉을 것 같았습니다. '정말일까? 나는 나쁜 사람이 되는 걸까?' 머릿속은 이런 생각들로 복잡했지요. 또 집안 사정이 어렵다는 사실을 꼭꼭 숨겨야겠다고 마음먹었죠.

또 어렸을 때 여성은 수학과 과학을 잘 못한다는 이야기를 들었습니다. 그 뒤로 수학 문제를 푸는 것 자체가 조금 겁났던 것 같아요. 실수로 문제를 틀린 경우에도 그것이 단순한 실수가 아니라 여자라서, 원래 수학을 못하는 사람이라서 틀린 것처럼 느껴지기도 했지요. 열심히 해도 한계가 있는 것 같고 열심히 하는 것도 다 소용없다고 생각하기도 했어요.

안타깝게도 이런 편견은 실제로 나쁜 영향을 끼칩니다. 여성과 남성 모두에게 수학 문제를 풀게 합니다. 그런데 여성들에게 '여자는 수학을 못한다.'는 메시지를 줍니다. 그러면 남성과 동등하게 수학 문제를 잘 풀던 여성들이 갑자기 문제를 많이 틀리는 경향이 나타납니다.

또 동일한 문제를 '문제 해결 능력 테스트'라고 했을 때에는 남녀 간 실력 차이가 나타나지 않습니다. 그런데 똑같은 문제를 '수학 테스트'라고 하면 이미 편견에 익숙해져 있는 여성들이 불안감을 느끼기 시작합니다. 결국 성적이 떨어지는 현상이 나타나죠. 그런데 여성들에게 '당신이 가지는 불안감은 사실 편견 때문에 생긴 것이다.'는 정보를 주면 다시 실력이 회복되는 경향을 보입니다.[11] '원래 수학을 못해서'가 아니라 단지 잘못된 편견 때문에 수학에 두려움이 생긴 걸 알게 되는 순간 다시 제 실력을 발휘하게 된다는 거예요.

편견 때문에 실력이 떨어지는 것은 비단 여성뿐만이 아닙니다. 남성도 특정 조건을 갖고 있는 사람이 수학을 못한다는 정보를

나는 복잡한 존재

주면 성적이 떨어지는 경향이 나타나요.[12] 편견 때문에 생기는 두려움이 우리에게 이렇게나 나쁜 영향을 미칩니다.

진짜일까?

♥ 흔히들 얘기하는 여자는, 남자는 이렇더라는 이야기들은 정말 그럴까요?

여성에게 교육의 기회가 동등하게 주어지지 않았던 불과 삼, 사십 년 전만 해도 여성은 수학을 못한다는 편견이 지금보다 더 강했고 실제로도 여성이 남성에 비해 수학 실력이 낮다는 결과가 종종 보고되곤 했습니다.

하지만 성 평등 수준이 높고 교육의 기회가 동등하게 주어지는 사회일수록 여성과 남성 간의 수학 능력 차이는 나타나지 않는다는 것이 최근의 연구 결과입니다.[13] 흔히 생각하는 것과 달리 공간 지각력에서도 역시 남녀 차가 나타나지 않는다고 하지요.

한편 여성들이 더 뛰어난 것으로 알려져 있는 언어 능력과 공감 능력 역시 여성과 남성 간 차이가 거의 없거나, 있더라도 아주 근소한 차이라는 것이 정설입니다. 공감 능력의 경우 남성들이 하지 않으려는 모습을 보이지만 시키면 여성 못지않게 잘한다는

연구들이 있어요.[14]

공감과 배려는 인간으로서 갖춰야 할 기본 덕목인데 마치 여성의 일인 것처럼 여겨지는 경향이 있죠. 또한 남성에게는 배려와 상냥함, 슬픔과 눈물 같은 따뜻하고 인간적인 모습이 어울리지 않는다고 이야기하는 사람들도 있어요. "남자는 울면 안 돼!" 같은 이야기들 말이에요.

하지만 이는 옳지 않은 생각입니다. 이러한 성차별 문화 때문에 남성들은 자연스러운 감정을 억누르고 공격이나 화 같은 감정들만 익힌다는 지적이 있어요. 성차별적인 고정 관념 때문에 남성들은 감정에 솔직하지 못하고 좋은 관계를 만들 기회를 놓칠수 있지요.

중요한 사실은 남성과 여성이 차이를 보인다고 해도 대부분 그차이는 매우 작다는 사실입니다. 성별로 인한 차이보다 인간이기때문에 갖는 공통점이 훨씬 크다는 점을 잊지 말도록 합시다.

내가 속한 성별 집단의 특성이 '나'라는 개인의 특성을 대변하지도 않습니다. A반의 평균 성적이 75점이고 B반의 성적은 87점이라고 해 봅시다. 이 두 반의 학생들은 완전히 다른 종류의 인간일까요? A반 학생들은 모두 선천적으로 멍청하게 태어났을까요? A반 학생들은 음악도 체육도 B반 학생에 비해서 못할까요? 어떤 학생이 B반이라면 반드시 A반 학생보다 성적이 좋다고 할 수 있나요? 답은 전부 '아니오'입니다.

나를 설명하는 수백 가지 요소 중 남성이나 여성 같은 성별 하나로 나를 정의하는 일은 하지 않도록 합시다. 앞서 말했듯 집단의 특징이 곧 나의 특징이 되는 것은 아닙니다. 여성의 키 평균이 160센티미터이고 남성의 키 평균이 170센티미터라고 해서 '모든' 남성이 '모든' 여성보다 큰 것도 아닙니다. 단순히 성별로 나눈 남자 평균과 여자 평균의 차이보다 개인들 간의 개성 차이가 훨씬 크다는 점을 기억합시다. 누가 뭐라고 하든 나는 고작 그런 몇 가지 요소들보다 훨씬 큰 존재이며 나를 만드는 것은 나의 다양한 개성들입니다.

남자다운 게 뭐라고!

♥ 사회적으로 정해지는 남성 또는 여성에 대한 관념, 즉 '남자라면 또는 여자라면 이래야 한다.'는 고정 관념들은 어떤 감정을 주로 느끼는지, 어떤 식으로 생각하고 행동하는지, 무슨 일을 할지 등 여러 방면에 영향을 미칩니다.

미국 러트거스 대학의 심리학자 다이애나 샌체즈(Diana Sanchez)의 연구에 의하면 이러한 성 고정 관념이 건강에도 영향을 미칠 수 있다고 합니다.[15] 남자라면 감정 표현을 하지 않아야 하고 약한 모습도 보이지 않아야 한다는 고정 관념을 강하게 가지고 있는 남성일수록 아파도 아픈 티를 덜 내고 병원에 덜 가는 모습을 보이거든요.

거기에 더해 이런 남성들은 여성 의사보다 남성 의사에게 진료받고 싶다고 말하는 경향을 보입니다. 여성 의사가 남성 의사보다 무능할 것이라고 생각하기 때문이죠.

하지만 흥미로운 현상은 남성 의사를 선택한 남성들이 정작 남성 의사 앞에서 솔직하지 못한 모습을 보였다는 것입니다. 이들은 남성 의사를 만났을 때 증상을 실제보다 적게 이야기하는 모

나는 복잡한 존재

습을 보였어요. 여성 의사들을 만났을 때에는 이런 현상이 나타나지 않았죠.

왜 이런 행동을 보이는 걸까요? 연구자들은 이들이 남성 의사에게 진료 받기를 원하지만, 동시에 다른 남성 앞에서 약해 보이는 것을 싫어하기 때문일 것이라고 보았습니다. 더 유능해 보이는 남성 의사를 선택했지만 막상 그 앞에서는 약해 보이기 싫어서 증상을 숨기고 센 척을 하는 거죠. 좀 슬프지 않나요?

연구자들은 남성이 여성에 비해 수명이 짧다는 사실을 언급하며 그 원인은 다양하겠지만 절대 약해 보여서는 안 된다는, 사회적으로 강요되는 남성성 역시 하나의 원인이 아닐까 조심스럽게 추측하기도 했습니다.

남자든 여자든 아프면 아프다고 말하는 게 자연스럽고 현명한 일이라는 것을 기억해 봅시다. 단지 남자는 약하면 안 된다는 잘못된 고정 관념 때문에 아픈 걸 숨기고 병을 키운다면 어리석은 일일 거예요.

진짜 나다운 것

♥ 이러한 각종 편견과 고정 관념 때문에 진짜 내가 어떤 사람인

지 보지 못한 것은 아닌지 한번 생각해 봅시다. 주변 사람들이 하는 이야기들을 당연하게 받아들이고 있었던 것은 아닌지 말이에요. 내가 혹시 남들이 얘기하는 모습이 아닐 가능성에 대해 한 번도 생각해 본 적 없다면, 이번 기회에 생각해 보도록 해요. 아무런 편견과 주변의 압력없이 자유롭게 살 수 있다면 나는 어떤 모습일까요?

나는 복잡한 존재

나를 찾는 심리 탐구서

3

내가
원하는 대로

하려고 했어!

♥ 공부해 보려고 자세를 딱 잡았는데 뒤에서 엄마나 선생님이 "공부 좀 해!"라고 얘기하는 순간 "에이, 안 해!"라며 공부하려던 마음이 식어 버렸던 경험이 있지 않나요? 마음잡고 방 청소하려는데 뒤에서 누가 "청소 좀 해!"라고 하는 순간 마음이 확 바뀌는 그런 경험들 말이에요. 왜 그러는 걸까요?

한 노인이 있었어요. 이 노인의 집 옆에는 조그만 공터가 있는데 어느 날부턴가 아이들이 거기에서 공놀이를 하며 놀았답니다. 시끄러운 게 싫었던 노인은 좋은 방법이 없을까 고민하다가 아이디어를 생각해 냈어요. 노인은 아이들에게 다가가 이 공터에서 공놀이를 하면 5000원씩 주겠다고 이야기했습니다. 아이들은 신나서 열심히 공놀이를 했지요. 그렇게 며칠이 지나고 노인은 미안하지만 이제부터는 1000원밖에 줄 수 없다고 이야기했습니다. 아이들은 떨떠름했지만 공놀이를 계속했어요. 또 며칠이 지나고 노인은 100원밖에 줄 수 없다고 이야기했어요. 그러자 아이들은 치사해서 못 하겠다며 공놀이를 그만두었답니다.

스스로 해야 행복해

♥ 왜 이런 현상이 나타났을까요? 아이들은 처음에 공놀이를 하는 것이 정말 즐거워서 자신의 의지로 공놀이를 시작했어요. 아무 생각 없이 달리고 공을 차며 즐거움을 만끽하는 것이 전부였지요. 하지만 공놀이를 해 달라는 노인의 부탁과 돈이 조건으로 등장하자 달라지고 말았습니다. 더 이상 즐거워서가 아니라 '5000원을 받기 위해서' 공놀이를 하게 된 것이죠. 순전히 자신의 의지로 하던 일이 '남이 시켜서' 하는 일이 되어 버렸어요.

그 결과 즐거움도 예전 같지 않았답니다. 공놀이가 왠지 일같이 느껴지고 그만하고 싶은데 5000원 때문에 계속해야 할 것 같았어요. 노인이 돈의 액수를 점점 줄이자 공놀이를 계속하는 이유마저 사라져 버리고 말았지요. 결국 공놀이를 그만두는 것이 당연하게 느껴졌습니다.

이렇게 자기 자신이 즐거워서, 또는 스스로 필요하다고 느껴서 하던 일도 다른 사람의 의지와 돈 같은 외적 보상이 생기는 순간 사람들은 '자율성'을 침해 받게 됩니다. 내 의지로 하는 일이 아니면 놀이든 공부든 전처럼 즐겁지 않지요. 무엇이든 누가 시켜서 하게 되는 순간, 순수한 즐거움과 자율성을 침해 받는 순간, 그 일은 재미없는 일이 되고 맙니다.

　이런 현상은 실험을 통해서도 확인되었어요. 사람들에게 종이를 나눠 주고 100조각으로 자르게 합니다. 누군가의 강요나 보상이 없을 경우 사람들은 지루한 일도 그런대로 즐거워하는 경향을 보입니다. '지루하긴 하지만 그럭저럭 할 만해.'라고 생각하지요.

　하지만 돈을 좀 주면서 그 일을 하라고 시키는 사람이 나타나면 일에 대한 만족도가 떨어지는 현상이 나타납니다. 똑같은 일도 '지루해도 내가 원해서 하는 거야.'라고 생각할 때는 만족스럽지만 누가 시켜서 하게 되는 순간 '이렇게 지루한 걸 억지로 해야 하다니.'라는 생각이 들면서 견딜 수 없게 되죠.

　학자들은 사람들의 순수한 '내적 동기'를 누군가에게 침해 당하지 않고 잘 지키는 것이 중요하다고 이야기합니다.[16] 나의 의지로, 나 자신이 즐거워서, 내가 필요하다고 느껴서 무엇을 할 때 그렇지 않을 때에 비해 훨씬 즐겁고 행복하며 더 열심히 합니다. 그 결과 더 잘하게 될 가능성도 높아요. 또 뭐든지 열심히 하다 보면 지치고 그만두고 싶은 순간이 오기 마련인데, 자신의 의지로 할 때 스트레스를 덜 받고 덜 지치는 경향이 나타나기도 합니다. 우리 인간에게 자율성은 이렇게나 중요해요.

긍정적 메시지로 말하자

♥ '무엇을 하면 좋다'와 '무엇을 하면 안 된다'의 차이는 무엇일까요? 예컨대 건강을 위한 조언을 할 때, '짠 음식을 많이 먹으면 건강에 안 좋다.'처럼 하지 말아야 한다는 것에 초점을 맞출 수도 있지만 '채소를 먹으면 건강에 좋다.'처럼 좋은 행동을 권장하는 데 초점을 맞출 수도 있지요. 둘 중 어떤 메시지가 더 효과 있을까요?

미국 코넬 대학 연구팀에 따르면 사람들은 협박같이 느껴지는 부정적 메시지보다 긍정적 메시지에 더 잘 반응한다고 합니다.[17] 다시 말하면 '하면 안 된다'보다 '하는 게 좋다, 해야 한다'라는 메시지가 더 효과적이라는 것입니다.

왜 이런 현상이 나타날까요? 앞서 자율성이 얼마나 중요한지에 대해 살펴보았죠. '먹지 말라'는 메시지는 일단 귀찮은 잔소리같이 느껴집니다. 내 마음대로 선택할 수 없다는 점에서 자율성을 침해하는 일이기도 합니다. 이런 점에서 부정적 메시지는 거부감을 줄 수 있지요. 또 대신 무엇을 먹어야 하는지에 대해서 알려 주지 않기 때문에 실제로 건강한 식습관을 만드는 데에도 한계가 있습니다.

　반면 '먹는 것이 좋다'며 권장하는 메시지는 나에게 더 많은 선택권을 줍니다. 이렇게도 할 수 있고 저렇게도 할 수 있다는 식으로 선택권을 주는 것이죠. 자율성을 침해하지 않아 거부감 없이 받아들일 수 있고 구체적인 행동도 알려 주기 때문에 따라 하기도 더 쉽습니다.

　어떤 메시지를 전할 때 '하지 마라'보다 '이렇게 하는 게 좋다, 이렇게 해 보는 게 어떨까' 등 자율성을 침해하지 않는 형태로 전하는 게 더 효과적이라는 점을 기억해 봅시다.

내가 원하는 대로

피노키오 이야기와 거짓말

♥ 긍정적인 메시지가 더 효과적이지만 많은 사람들이 협박을 더 자주 쓰곤 합니다. 겉으로는 효과가 있는 것처럼 보이기 때문이죠. 예컨대 부모님이나 선생님으로부터 떠들면 가만두지 않겠다는 말을 들었을 때 그 당시의 상황을 모면하기 위해 잠깐 동안은 행동을 바꾸기 때문입니다.

저는 어렸을 때 양치기 소년 이야기나 거짓말을 할 때마다 코가 늘어나는 피노키오 이야기를 들으며 겁에 질렸던 적이 있습니다. 특히 피노키오는 거짓말했다가 죽을 고비를 여러 번 넘기는 등 엄청나게 고생했지요. 어른들은 거짓말하면 피노키오나 양치기 소년처럼 된다면서 으름장을 놓곤 했습니다.

이런 이야기들이 거짓말을 하면 안 된다는 것을 확실히 알려 줬던 것 같습니다. 하지만 곰곰이 생각해 보면 제가 느꼈던 것은 거짓말 자체에 대한 죄의식이 아니라 '처벌에 대한 공포'였던 것 같습니다. 정확히 말하면 거짓말을 들키면 안 된다는 걸 배웠던 것 같아요. 결국 이런 이야기들은 내게 거짓말을 했든 안 했든 일단 상황을 잘 모면하는 게 중요하다는 얄팍한 처세를 더 많이 알려 준 게 아닌가 싶기도 합니다.

기억을 더듬어 보면, 어렸을 때 잘못을 저지르면 일단 혼나기 싫어서 내가 한 게 아니라며 대뜸 거짓말부터 했던 것 같습니다. 그러고는 억울하다는 표정을 지으며 눈물을 글썽거리는 방법까지 쓰곤 했지요. 다행인지 불행인지 이런 방법은 꽤 잘 먹혔습니다.

결국 이런 공포심을 자극하는 이야기들이 어린 시절의 나를 정직하게 만들었는지는 좀 의문입니다. 특히 거짓말을 하면 안 된다는 것은 배웠지만 진실을 말하는 것이 얼마나 중요하고 가치 있는 일인지, 왜 거기에 힘써야 하는지는 충분히 배우지 않았지요. '진실을 말하는 사람이 되어야 하는 진짜 이유' 같은 걸 배웠더라면 조금 더 정직하게 행동하지 않았을까요?

최근 토론토 대학의 연구자들은 다음과 같은 연구를 했습니다.[18] 3~7세 아이들에게 오직 소리만 듣고 연구자가 가지고 있는 장난감이 어떤 것인지 맞히도록 했어요. 예컨대 꽥꽥 소리가 나면 오리 인형, 야옹 소리가 나면 고양이 인형이 정답이었습니다. 게임은 일대일로 진행되었고 연구자는 아이들이 장난감을 직접 보지 못하도록 뒤로 돌아앉아 있도록 했어요.

이렇게 두 번 정도 게임을 하고 세 번째 게임을 시작할 찰나 갑자기 연구자가 금방 돌아오겠다며 자리를 비웁니다. 아무도 없는 상황에서 아이들은 '잠깐 돌아봐도 아무도 모르겠지.'라고 생각하며 장난감의 정체를 눈으로 확인하고 싶어 합니다. 연구자들은 이 과정을 카메라에 담아 누가 돌아봤는지를 기록했답니다.

잠시 후 연구자가 돌아와 게임을 마저 진행하면서 재미있는 이야기를 들려주었습니다. 한 모둠의 아이들에게는 거짓말과 상관없는 옛이야기를 들려주고, 다른 모둠의 아이들에게는 피노키오 이야기를, 또 다른 모둠의 아이들에게는 양치기 소년, 마지막 모둠의 아이들에게는 조지 워싱턴과 벚나무 이야기를 각각 들려주었습니다. 조지 워싱턴과 벚나무 이야기는 조지 워싱턴이 아버지가 아끼는 벚나무를 실수로 베어 버렸는데 이를 솔직히 이야기하자 아버지가 화내지 않고 벚나무 한 그루를 잃었지만 대신 솔직한 아들을 얻었다며 칭찬해 주었다는 내용이랍니다.

그리고 나서 "자, 솔직하게 얘기해 봐. 아까 선생님이 잠깐 자리를 비웠을 때 뒤를 돌아봤니?" 하고 물었습니다. 어떤 이야기를 들은 아이들이 가장 거짓말을 적게 했을까요?

흥미롭게도 피노키오나 양치기 소년 이야기를 들은 아이들은 거짓말과 상관없는 옛이야기를 들은 아이들과 거의 비슷하게 거짓말을 했습니다. 즉, 처벌만 강조한 이야기는 거짓말을 줄이는 데 효과가 없었지요. 정직하게 행동했을 때 좋은 결과를 강조한 조지 워싱턴과 벚나무 이야기를 들은 아이들만 거짓말을 적게 한 것으로 나타났습니다. 흔히 생각하는 것과 달리 아이들을 겁줘서 정직하게 만들겠다는 전략은 잘 먹히지 않을 수 있습니다. 대신 정직하게, 선하게 행동하는 게 뭐가 좋은지를 알려 주는 것이 훨씬 효과적이죠.

하지만 많은 어른들이 단순히 협박해서 아이들의 정직성을 높이려 합니다. 교육을 쉽고 편하게 하겠다는 어른들의 속셈이 있는 건지도 모르겠어요. 실제로 처벌은 속마음은 못 바꿔도 겉으로 드러나는 행동은 신속하게 억제하는 효과가 있습니다. 하지만 교육의 목적이 처벌을 피하기 위해 행동을 위장하는 사람을 양성하는 것은 아니죠. 따라서 처벌보다 올바른 행동을 통해 얻을 수 있는 좋은 결과를 강조하는 것이 정직성을 높여 주는 데 더 효과가 있다는 걸 잊지 맙시다.

내가 진정 좋아하는 것들

♥ 앞서 인간은 자율성이 중요해서 무조건 하지 말라는 잔소리나 가만두지 않겠다는 협박은 마음을 잘 움직이지 못한다는 것을 살펴보았습니다. 무엇이든 정말 그렇게 하고 싶은 마음이 들어야만 열심히 하게 됩니다. 그러지 않으면 '열심히 하는 척'만 할 뿐이지요.

따라서 내가 정말 좋아하는 것을 찾거나 처음에는 별로였더라도 점점 재미를 찾으려고 노력하는 것이 중요합니다. 단지 해야 하니까, 하라고 해서, 안 하면 혼나니까 하는 건 한계가 있으니까요. 금방 지치고 말거든요. 반면 내가 진정으로 좋아하는 일은 밤을 새도 지치지 않고 얼마든지 계속할 수 있어요. 만화책을 보거나 게임을 할 때를 생각해 보세요.

이렇게 좋아하는 일을 하다 보면 시간 가는 줄도 모르고 푹 빠져드는 경험을 하곤 하죠. 이러한 상태를 '몰입'이라고 합니다. 어떤 일에 아주 뛰어난 사람들의 특징은 힘들고 괴로워도 일에 푹 빠져서 즐거움을 느끼곤 한다는 것입니다. 천재나 뛰어난 예술가들은 입을 모아 '이 일이야말로 나를 진정으로 행복하게 해 주는 일'이라고 말하곤 해요. 그렇기 때문에 모든 열정을 바쳐 몰두할 수 있는 것이죠.

따라서 내가 정말 좋아하는 일을 찾는 게 중요합니다. 내가 몰입해서 할 수 있는 일들이 무엇인지 생각해 봅시다. 어떤 부분이 그렇게 재미있고 매력적인지 생각해 보는 거예요. 처음에는 별로였는데 재미있어진 일을 떠올려 보는 것도 좋습니다.

내가 원하는 대로

나를 찾는 심리 탐구서

4

나에게 잘해 주기

자아를 가진 나

♥ 인간이 다른 동물들과 다른 점 중 하나는 바로 '자아'를 가졌다는 겁니다. 즉 자기 자신을 의식할 줄 아는 것이죠.

아이들의 얼굴에 뭔가를 묻히고 거울을 보여 줍니다. '나'라는 존재를 인식하고 거울에 비친 모습이 자기라는 것을 안다면 바로 얼굴에 손을 가져갈 것입니다. 하지만 거울에 비친 모습이 자기라는 것을 알지 못하면 눈앞에 다른 아기가 앉아 있다고 생각하며 거울을 향해 손을 내밀겠죠.

이런 실험을 하면 태어난 지 일 년이 안된 아이들은 거울에 비춰진 모습이 자신인지 모릅니다. 반면 태어난 지 이 년 정도가 되면 거울에 비친 것이 자신이라는 것을 알고 자기 얼굴에 손을 가져가는 모습을 보입니다.

이렇게 사람들은 태어난 지 이 년 정도 지나면 '나'라는 존재를 인식하기 시작합니다. 커 가면서 더 뚜렷하게 자기 자신이 어떤 사람인지 생각합니다. 자신이 어떤 사람인지 생각하고, 자신의 행동을 관찰하고, 때로는 반성하기도 하는 것은 인간이 자아를 가졌기 때문입니다.[19]

이렇게 우리는 자아를 가진 덕분에 스스로의 행동을 평가하고

나에게 잘해 주기

잘잘못을 따질 수 있습니다. 때로는 이런 자아의 잔소리가 심할 때도 있죠. '나는 왜 이렇게 바보 같을까? 이런 내가 한심해. 그때 왜 그랬을까? 아직도 부끄러워.' 등 스스로에게 가혹한 말을 하기도 합니다.

그래서 자아를 가진 것이 인간에게 축복인 동시에 저주라고 말하는 학자도 있답니다. 실제로 우리는 밖에서 안 좋은 일을 겪어서 힘들기도 하지만, '나 때문에' 힘든 경우도 많지요. 다른 사람을 지나치게 신경 쓰면서 스스로의 행동을 검열하거나 남들과 비교하면서 자신을 자책하기도 합니다. 이럴 때 어떻게 하면 좋을까요? 나를 괴롭히지 않고 나를 아끼고 잘 돌보는 방법에 대해 알아봅시다.

남 적당히 신경 쓰기

♥ 사람들은 누구나 주변 사람들의 영향을 받습니다. 청소년 시기는 유난히 친구들의 영향을 많이 받습니다. 친구들이 입는 옷이나 신발을 보고 나도 갖고 싶다고 생각하기도 하고, 특별하게 보이고 싶으면서도 너무 튈까 봐 걱정하기도 하죠. 친구들이 나를 어떻게 생각하는지, 혹시 나에 대해 나쁜 이야기를 하는 건 아

닌지 신경 씁니다. 매우 정상적인 일입니다. 우리는 '사회적 동물'이기 때문이지요. 단순히 무리를 지어서 생활하는 것 이상으로 우리는 다른 사람의 비난 한마디에 심장이 쿵 내려앉기도 하고, 칭찬 한마디에 기분이 좋아지고, 박수를 좀 받으면 세상이 장밋빛으로 변하며 자존감이 하늘 높이 솟구치기도 하지요. 또 사람들 대화에 못 끼면 외로움과 소외감을 느끼는 반면 사랑 받는다고 느끼면 마냥 행복하죠. 즉, 다른 사람과 함께 잘 살아가는 것이 생존과 행복에 매우 중요합니다.

사회적 동물인 우리에게 가장 큰 적은 외로움과 소외감입니다. 외로운 사람은 그렇지 않은 사람들에 비해 질병에 걸릴 확률이 비교적 높고 같은 병에 걸려도 더 나쁜 상태로 진행되기 쉽다는 연구가 있습니다. 심지어 외로운 사람들은 칼에 베인 작은 상처도 그렇지 않은 사람들에 비해 회복이 더디며, 잠도 푹 자지 못하는 경향을 보입니다. 소외되는 괴로움이 얼마나 크면 왕따를 당하는 친구들은 죽고 싶을 만큼 괴롭다고 말합니다.

이렇게 사람들과 잘 어울리는 것은 우리에게 사느냐 죽느냐의 문제일 정도로 중요합니다. 따라서 주변 사람들이 항상 신경 쓰이고 사람들과 관계가 어렵게 느껴지는 것은 자연스러운 일입니다. 중요한 시험일수록 걱정이 되고 떨리듯 말이지요. 혹시 다른 사람들의 시선이 신경 쓰이고 관계가 어렵게 느껴진다면, 걱정하

나에게 잘해 주기

지 않아도 됩니다. 오히려 사람들과 좋은 관계를 쌓을 준비가 되어 있다는 신호일 수 있답니다.

사람들을 의식하는 정도가 너무 지나쳐서 사사건건 눈치를 보거나 학교에 가서 친구들 사이에 앉아 있는 것조차 피곤하다면 이 사실을 기억해 보도록 합시다. '사람들은 생각보다 우리에게 관심이 없습니다.'

연구에 의하면 사람들은 다른 사람이 자신을 신경 쓸 확률을 과대평가하곤 합니다. 예컨대 사람들은 특이한 옷을 입고 교실에 들어갔을 때 교실에 앉아 있는 학생들의 절반 정도가 자신의 옷을 알아차릴 거라 생각한다고 합니다. 하지만 실제 실험을 해 보니 25퍼센트 정도만 그 옷을 기억했습니다.[20]

여러분도 한번 생각해 봅시다. 어제 옆자리에 앉은 친구가 어떤 신발을 신고 어떤 옷을 입었는지, 길을 가다가 마주친 사람의 얼굴이 어땠는지 기억나나요? 우리의 주의는 한정되어 있지요. 우리는 세상 모든 것에 관심을 갖고 기억하지 않습니다. 매일 지나던 길에 철물점이 있어도 자물쇠를 살 일이 생기기 전까지 철물점이 있는지조차 모르는 경우도 있죠. 우리가 보고 듣는 모든 것에 관심을 갖고 기억한다면 아마 머리가 터져 버릴지도 모르지요.

내가 그렇듯 주변 사람들도 마찬가지입니다. 항상 모두가 나를 바라보고 신경 쓰고 있지 않죠. 내가 나를 중요하게 생각하는 것만큼 주변 사람들도 나를 중요하게 생각하며 내 일거수일투족을 살펴보지 않습니다. 나 역시 친구들의 일거수일투족을 기억하지 않듯이, 친구가 했던 얘기를 금세 잊어버리기도 하듯이 말이에요.

하지만 사람들은 마치 오직 자기 머리 위에만 조명이 있어서 자기를 비추고 남들 역시 다 자기만 쳐다볼 것이라고 착각하는 경향이 있습니다. 이를 '스포트라이트 효과'라고 합니다.

남들이 나만 쳐다보는 것 같고 모여서 쑥덕거리면 다 내 얘기를 하는 것처럼 생각된다면, 이런 스포트라이트 효과에 빠져 있는 것은 아닌지 한번 생각해 보도록 합시다.

누군가 나에 대해 평가해도, 그것을 받아들일 것인가 아닌가는 내가 '선택'할 수 있는 문제입니다. 나에 대해 이러쿵저러쿵하는 다른 사람의 의견 역시 주관적이며 절대적이지 않죠. 때로는 나를 시기해서 일부러 내 단점만을 부풀려서 말하는 경우도 있습니다. 따라서 다른 사람의 의견을 잘 걸러 들어야 합니다. 모든 의견을 사실로 받아들일 필요는 없습니다.

우리는 사회적 동물이기 때문에 다른 사람을 어느 정도 의식할 수밖에 없습니다. 그러나 지나치게 의식할 필요는 없지요. 다른 사람의 평가를 적절히 걸러 듣는 자세가 필요합니다. 이 세 가지를 꼭 기억해 봅시다.

나에게 잘해 주기

비교로 행복해질 수 있을까?

♥ 사회적 동물인 우리는 다른 사람과 자신을 늘 비교합니다. 이런 비교는 나를 객관적으로 판단하는 데 도움을 주기도 합니다. 예컨대 시험을 봤는데 80점을 맞았다고 해 봅시다. 이 정보만으로는 내가 그 과목을 잘하는 건지 아닌지 정확히 알 수 없죠. 주변 친구들이 전부 90점 이상을 받았다면 80점은 썩 좋은 점수가 아니게 되니까요. 반면 모두 70점을 받았다면 80점은 매우 좋은 성적이라고 할 수 있죠.

성격도 마찬가지입니다. 예컨대 10점 만점에 7점의 외향성을 가지고 있다고 합시다. 그런데 주변 사람들은 전부 9점의 외향성

을 보여요. 그럼 나는 외향적인 사람이라고 할 수 있을까요? 반대로 나를 제외한 모두가 5점의 외향성을 보인다면 나는 자신 있게 외향적인 사람이라 말할 수 있지요.

이렇게 비교가 내 위치를 파악하는 데 어느 정도 도움을 주는 것은 사실입니다. 하지만 비교가 심할 때는 문제가 됩니다. 괜히 주위 친구들이랑 비교하며 스스로 못났다고 생각한다든가, 다른 집보다 우리 집이 못산다고 생각하며 위축되는 등 말이죠.

미국 캘리포니아 리버사이드 대학의 심리학자 소냐 류보머스키(Sonja Lyubomirsky)의 연구에 의하면 행복한 사람들은 주변 사람들이 어떻든 스스로 만족할 만한 성과를 얻었다면 만족하는 모습을 보였습니다.[21] 하지만 불행한 사람들은 좋은 성과를 거뒀더라도 옆 사람이 나보다 조금이라도 더 잘하면 불행해지는 모습을

나에게 잘해 주기

보였습니다. 또 못했다고 생각하다가도 옆 친구가 나보다 더 못하면 기분이 좋아지는 모습을 보이기도 했지요.

불행한 사람들에게는 나보다 옆 사람이 잘하고 못하는지가 더 중요한 거죠. 행복이 내가 하기 나름이 아니라 옆 사람에게 달려 있는 것입니다. 이런 사람들은 주변에 똑똑하고 잘난 사람이 있으면 매일매일이 불행할 거예요. 얼마나 우스운 일인가요?

친구의 행복이 곧 나의 행복

♥ 일반적으로 자신보다 나은 사람과의 비교, 즉 상향 비교는 좌절과 우울 등 부정적 정서를 불러오는 반면 자신보다 못한 사람과의 비교, 즉 하향 비교는 안도와 감사 등 긍정적 정서를 불러온다고 알려져 있습니다.

사람들은 흔히 "더 힘든 경우를 생각하라."며 자신의 상황이 크게 나쁘지 않다고 스스로 격려합니다. 그나마 상향 비교보다 하향 비교를 하라고 하죠.

하지만 연구에 의하면 하향 비교도 때로는 좋지 않을 수 있다고 합니다. 일례로 한 연구에서 암 환자들에게 자기보다 상태가 안 좋은 사람을 보고 자신의 상태와 비교하게 했습니다. 그랬더니 환자들의 기분이 오히려 나빠지는 현상이 나타났답니다. 반면 자기보다 더 나은 상태의 환자들과 비교하게 했을 때에는 별로 불편해 하지 않았어요.

왜 이런 현상이 나타날까요? 자기보다 상태가 안 좋은 사람을 보았을 때 저 사람보다 상태가 좋아서 다행이라는 생각도 들지만 한편으론 언젠가 저렇게 될 수 있다는 불안과 두려움을 느끼기 때문입니다.[22] 반면 나보다 상태가 좋은 사람을 보면 부럽기도 하지만 나 역시 좋아질 수 있다는 희망이 생기는 거죠.

같은 입장에 처한 경우 옆 사람의 불행은 언젠가 나의 불행이 될 수도 있으며, 옆 사람의 행복은 나의 행복이자 희망일 수도 있습니다. 또 보통 친구가 잘된다고 해서 내가 안되는 일은 잘 일어나지 않습니다. 도리어 친구가 잘되면 친구와 비슷한 점이 많은 나도 언젠가 친구처럼 잘될 수 있다는 것을 의미하기도 하죠. 따라서 심한 비교로 불행을 느끼진 맙시다. 친구에게 나쁜 일이 일어나길 바라기보다 '함께' 잘되기 위해 노력할 때 모두에게 좋은 일이 더 많이 일어날 수 있다는 걸 기억해 봅시다.

완벽한 사람은 없다

♥ 미리미리 해 두면 좋으련만 항상 공부는 시험 직전에, 숙제는 마감 직전에 하게 됩니다. '내일 일은 내일의 내가 하겠지.'라며 태평하게 떠넘기고는 내일이 오면 어제의 나를 원망하곤 하죠. 우리가 이렇게 할 일을 미루는 이유는 무엇일까요?

일을 계속 미루는 이유는 여러 가지가 있습니다. 연구에 의하면 자주 일을 미루는 사람들은 그렇지 않은 사람에 비해 하기 싫은 일을 억지로 하고 있거나, 잘해 낼 수 있다는 자신감이 낮거나, 책임감이 약하거나, 그 일을 잘하고 싶다는 생각이 별로 없다고 합니다.[23]

우리가 일을 미루는 이유는 다양하지만 의외로 일을 너무 완벽하게 하려다 보니 미루기도 한답니다. 할 수 있는 만큼 최선을 다하는 수준을 넘어서 한 치의 흠도 없이 완벽하게 해야 한다는 비현실적인 높은 기준을 갖고 있는 것을 '완벽주의'라고 말합니다. 예컨대 숙제를 할 때 실수를 용납하지 않는다거나, 일등이 아니면 의미가 없다며 스스로에게 가혹한 기준을 들이미는 것이죠.

최대한 잘하고 싶은 마음은 이해하지만 안타깝게도 완벽주의는 많은 부작용을 낳습니다. 완벽주의 성향의 사람들은 이미 잘하고 있어도 아직 부족하다며 좌절하곤 합니다. 시험에서 97점을 받아도 100점이 아니라며 좌절하지요. 자기 비하에 쉽게 빠지기도 합니다. 충분히 잘하고 있더라도 너무 높은 이상과 현실 사이의 차이가 크기 때문입니다. 이렇게 지나친 완벽주의는 부정적인 감정과 자기 비하, 자살 충동을 일으키는 것으로 알려져 있습니다.

완벽을 추구하는 만큼 실제로 잘하게 되지 않을까 싶지만 현실은 그렇지 않습니다. 캐나다 브리시티 콜롬비아 대학의 심리학자 폴 휴잇(Paul Hewitt)과 고든 플렛(Gordon Flett)의 연구에 의하면 완벽을 추구하는 사람들은 실수나 실패에 대한 불안이 높은 편입니다.[24] 불안은 오히려 결과를 나쁘게 하죠. 예컨대 단 1점이라도 감점되는 걸 허용하지 않겠다는 완벽주의 성향의 학생들은 시험을 볼 때 불안을 크게 느끼는 경향을 보입니다. 그러면 시험 볼 때 너무 떨고 긴장하게 되죠. 그 결과 실력에 비해 결과가 좋지 않을 수 있습니다.

심지어 완벽을 추구하다가 아예 아무것도 하지 않기도 합니다. 어떤 일을 완벽하게 해낼 수 있다는 자신감이 생기기 전까지 일을 아예 시작하지 않기도 하고, 때로는 조금 더 좋은 결과물을 얻고자 지나치게 집착하며 일을 붙들고 있기도 합니다. 예컨대 그림을 그릴 때 완벽해야 하니까 쉽게 시작하지 못하고, 그리더라도 고치고 또 고치지만 별로 마음에 들어 하지 않죠. 결국 처음 그린 그림이 더 나았나 하며 갈팡거리는 사이 시간은 훌쩍 흘러 버리죠. 괜찮은 그림이었음에도 남는 것은 끊임없는 고민과 '나는 왜 이러나……' 하는 자책뿐이지요.

이렇게 정신 건강에도 실제 일을 하는 데도 별로 도움이 되지 않기 때문에 완벽주의는 '불행의 레시피'라고 이야기하기도 합니다.

완벽주의 성향의 사람들은 다른 사람들이 자신을 어떻게 볼지 걱정을 많이 합니다. 다른 사람들에게 늘 멋져 보이는 것을 중요하게 생각하며 자신의 약점을 보이는 것을 불안해 하죠. 하지만 우리는 그 누구도 '완벽'할 수 없다는 걸 생각해 봅시다. 겨우 다른 사람들에게 멋지게 보이기 위해 나의 정신 건강, 성적, 행복을

포기하기에는 내 삶이 너무 아깝다는 사실도요.

그럼 완벽을 목표로 하는 대신에 무엇을 목표로 해야 할까요? 바로 '발전'입니다. 전보다 조금 더 나아지기, 어제보다 조금 더 나은 내가 되기와 같이 한걸음 한걸음 나아가는 것을 목표로 해야 합니다. 처음부터 너무 높은 목표인 '완벽'을 추구하게 되면 시작하기도 전에 좌절할 수 있으니까요. 어떤 일의 결과에만 매달리기보다 과정 하나하나를 최대한 즐기면서 조금이라도 나아지는 자신을 발견한다면 그걸 기뻐하도록 합시다. 결과는 짧지만 과정은 기니까요. 발전하는 과정에서 더 많은 즐거움과 뿌듯함을 발견할 수 있을 거예요.

여전히 지구는 돌고 치킨은 맛있다

♥ 누구나 실패를 두려워합니다. 하지만 두려워하는 정도가 사람마다 달라서 실패를 해도 금방 툴툴 털고 '그럴 수도 있지. 다음에 더 잘하면 돼.'라고 하는 사람이 있는 반면 어떤 경우에도 실패를 받아들일 수 없다고 생각하는 사람들이 있습니다. 특히 남이 내 실패를 아는 걸 참을 수 없어서 어떻게든 실패를 숨기려고 애쓰는 사람들이 있죠.

이렇게 어떻게든 실패를 피하거나, 실패를 숨기는 사람들이 자주 하는 것이 바로 '자기 구실 만들기', 즉 자기 자신에게 불리한 조건을 주는 행동입니다.[25]

예전에 중요한 자격시험을 앞두고 있었을 때였어요. 저는 전혀 시험을 볼 준비가 안된 상태였습니다. 보나 마나 시험에 떨어질 것이 뻔했죠. 하지만 그 원인이 '내'가 되기는 싫었어요. 내가 무능해서 시험에 실패한 것처럼 보이고 싶지 않았던 것이죠. 다른 핑계가 필요했어요. '나는 무능하지 않아. 노력을 안 한 것뿐이야. 시험은 그냥 경험 삼아 한번 보는 거지.' 이런 핑계를 만들기 위해 일부러 시험 직전까지 왕창 놀고 새벽까지 깨어 있다가 늦게 잤습니다. 결국 시험 보는 날 지각까지 하고 말았어요.

물론 그렇게 하지 않았어도 못 봤을 시험이지만, 이런 쓸데없는 노력이 더해져 시험을 못 보는 데 성공했고 핑계를 대는 데도 성공했습니다. 내가 능력이 없어서가 아니라 전날 너무 놀아서 피곤한 데다가, 지각까지 했기 때문에 시험을 못 본 거라고 이야기할 수 있었습니다. 전형적인 '자기 구실 만들기'의 예입니다. '내가 실패할 수밖에 없는 이유'를 스스로 만들어서 실패할지언정 자존감은 지키는 거지요.

이러한 현상은 광범위하게 나타납니다. 예컨대 중요한 시험을 앞두고 자신의 팔을 일부러 다치게 만든 뒤 어쩔 수 없이 시험을 못 봤다고 이야기하거나, 중요한 일을 앞두고 일부러 옷을 얇게 입고 다녀서 심한 감기에 걸리는 등 핑계를 만들어 좋은 결과를 내기 어려운 상태로 만들어 버립니다. 공부에 집중할 수 없도록 시끄럽고 번잡한 환경을 일부러 만들기도 합니다. '집이 너무 시끄러워서 공부를 못했어. 그것만 아니었으면 시험을 잘 볼 수 있었을 텐데!'라는 핑계를 대는 것이죠.

언뜻 보면 매우 비합리적인 행동이지만 어쩌면 이런 어처구니없는 행동들을 할 만큼 인간에게 자존감은 목숨처럼 중요하며, 실패는 쓰리고 아픈 것일지도 모르겠습니다.

저를 포함해 많은 사람들이 그렇듯 혹시 여러분도 '자기 구실 만들기'를 사용한 적이 있나요? 어떤 방법을 주로 쓰나요? 피하려는 대상은 무엇인가요? 성적이 떨어졌을 때 부모님을 실망시키지 않으려고 핑계를 댄 적이 있나요?

물론 이러한 행동이 무조건 나쁜 것만은 아닙니다. 실제로 모든 결과가 항상 나 때문에 일어나는 것도 아닙니다. 핑계가 필요할 때도 있지요. 하지만 문제는 핑계 대는 일이 너무 자주 일어나서 실패를 똑바로 마주하고 반성하지 않거나, 핑계를 대기 위해 나 스스로 다치게 하는 경우입니다. 이럴 때는 잠깐 멈추고 내가 지금 뭘 하고 있는지 생각해 보는 게 좋습니다.

저는 몇 번의 시험을 망칠 때마다 핑계를 대며 자존감을 지켰

으나 결국 '나는 과연 무슨 짓을 했던가……' 하는 자괴감이 들었습니다. 그래서 이제는 그만해야겠다고 생각했답니다.

또 실패를 덜 특별하게 생각하게 되었어요. 실패했다고 호들갑 떨 일이 아닌 것 같다고 해야 할까요? 사실 어떤 실수나 실패 하나가 우리 인생을 송두리째 망치는 경우는 흔치 않지요. 실패한 당시에는 마음이 쓰라리겠지만 지구는 여전히 돌아가고 치킨도 여전히 맛있지요. 시간이 지나면 작은 실패들은 다 잊고 마음은 다시 평정심을 회복할 겁니다. 또 사람들은 생각보다 내 문제에 큰 관심을 갖지 않기 때문에 다른 사람을 신경 쓸 필요도 없다는 걸 이미 우리는 알고 있으니까요.

나에게 너그러워지기

♥ 일이 잘 풀리지 않을 때 또는 실패를 경험했을 때 우리는 자책하곤 합니다. '나는 왜 이러는 걸까? 너는 이래서 안 돼. 넌 이제 끝장이야.' 등 다른 누구보다 내가 나를 심하게 몰아붙이기도 하죠. 앞서 말했듯 우리는 자기 자신을 평가하는 것이 가능한 동물입니다. 그러다 보니 내가 앞장서서 나의 적이 되기도 합니다.

내 친구가 시험을 못 봤거나 다른 친구와 다투고 우울해 하고 있다고 생각해 봅시다. 이럴 때 우리는 그 친구에게 무슨 말을 해 줄까요? "쯧쯧, 그러게 왜 그랬어? 내가 그럴 줄 알았어. 역시 넌 안 돼." 같이 가뜩이나 힘든 친구를 더 힘들게 만드는 말을 할까요? 아마 아닐 거예요. 그런데 왜 나 자신에게는 이런 가혹한 말을 서슴지 않는 걸까요?

미국 텍사스 오스틴 대학의 심리학자 크리스틴 네프(Kristin Neff)는 많은 사람들이 힘들 때, 누구보다 앞장서서 자기 자신을 비난하고 나쁜 말을 쏟아 낸다는 사실을 주목했습니다. 그리고 자존감을 높이는 것보다 더 중요한 것은 스스로를 비난하지 않는 것, 스스로에게 너그러워지는 것이라고 주장했어요. 힘든 사람들에게 자연스럽게 '힘 내라. 내가 도와줄게. 함께 일어나자.'와 같이 힘을

나에게 잘해 주기

북돋우는 말을 해 주듯 나에게도 그럴 필요가 있다는 것입니다.

실제로 힘든 상황에서 스스로를 어떻게 대하느냐에 따라 삶이 많이 달라집니다. 스스로에게 너그러운 사람들은 그렇지 않은 사람들에 비해 행복하며 정신 건강 상태도 양호한 경향을 보입니다.[26] 또한 스트레스를 좀 더 잘 견디며, 자존감도 쉽게 무너지지 않는 모습을 보이기도 하죠.[27]

심리학자 크리스틴 네프(Kristin Neff)는 자신에게 너그러워지는 방법을 세 가지 제시했습니다.[28] 첫 번째는 자신을 향한 친절입니다. 친절하고 따뜻한 사람이라면 힘들어 하는 사람을 봤을 때 위로부터 하듯이, 자기 자신을 향해서도 '참 힘들겠다. 따뜻한 말이 필요하구나.' 같은 친절한 태도를 갖는 것이지요.

두 번째는 나만 그런 게 아니라 사람들은 다 불완전하다는 사실을 깨닫는 것입니다. 나만 실수하고 실패하는 것 같지만 그렇지 않다는 것이지요. 주변 친구들만 봐도 실수를 해서 부모님이나 선생님에게 잔소리를 듣기도 하고 친구들과 종종 다투기도 할 거예요. 우리는 누구나 장점과 단점을 가지고 있어요. 누구도 완벽한 사람은 없지요. 심지어 완벽해 보이는 어른들조차 많은 실수와 실패를 겪으면서 살아갑니다. 힘들 때면 마치 안 좋은 일은 나한테만 일어나는 것 같지만, 이것 역시 잘못된 생각입니다. 세상 사람 모두가 다 나름의 크고 작은 고민을 가지고 있으니까요.

세 번째는 마음 챙김입니다. 힘들 때 '뭐, 이런 걸 가지고 힘들어 하고 그래!'라고 현실을 부정하기보다 '그래, 나는 지금 힘들어. 그러니 쉬어야겠다.'라며 자신의 마음을 솔직히 들여다보는 겁니다. 친구가 힘든 상황에 처해 있다고 하면 어떤 일이 일어났는지, 어떻게 느끼는지 자세히 들어 보고 '저런, 정말 힘들겠구나.' 같이 공감해 주는 것처럼 나의 생각과 느낌을 자세히 들여다볼 필요가 있답니다.

나에게 너그러워지는 것은 꾸준한 연습이 필요합니다. 그래도 그럴 만한 가치가 있는 일이니 해 보도록 합시다. 친절한 태도는 다른 사람들에게뿐만 아니라 '나 자신'에게도 가져야 한다는 사실을 꼭 기억합시다.

나에게 잘해 주기

나를 찾는 심리 탐구서

5

사람들과
함께 살아가려면

나 말고 다른 사람들은 단순해?

♥ 앞서 인간은 복잡한 존재라고 이야기했습니다. 어떤 한 문장으로 정의하기 어려운 존재이지요.

사람들은 자기 자신이 복잡한 존재라는 사실은 아주 잘 받아들이는 편입니다. 하지만 다른 사람 또한 자기만큼 복잡한 존재일 거라는 생각은 하지 않는 경향이 있지요.

나는 복잡한 존재라 한두 가지 행동으로 판단할 수 없지만, 다른 사람은 겉으로 드러나는 행동 몇 가지로 쉽게 '쟤는 저런 애'라고 판단하곤 합니다. 나는 겉으로 드러나지 않는 복잡한 생각들과 섬세한 감정을 가지고 있지만, 다른 사람의 내면은 별로 복잡하지 않을 거라고 생각하죠.

나에게는 서로 반대되는 모습들, 예컨대 활달하지만 조용하기도 하고 장난기가 넘치지만 진지하기도 하고 결단력이 강하지만 우유부단하기도 한 모습이 있음을 잘 받아들이는 편입니다. 하지만 이런 서로 다른 특성이 다른 사람에게도 있을 거라고는 생각하지 않지요. 내가 친구들 앞에서, 선생님 앞에서, 부모님 앞에서 서로 다른 모습을 보여 주듯이 다른 사람 역시 서로 다른 모습을 가지고 있다는 걸 인정하지 않습니다.

그러다 보니 다른 사람에 대해서 겉모습이나 몇 가지 행동만 가지고 판단하는 현상이 나타납니다. 서로가 서로에 대해 '너는 심오하고 복잡한 나를 잘 모르지만 나는 단순한 너를 잘 안다.'고 생각하는 현상이 나타나죠. 하지만 실제로는 다른 사람에 대해서 내가 생각하는 것만큼 잘 알고 있지 못할 가능성이 큽니다.

이렇게 자기 자신을 바라보는 방식과 다른 사람을 바라보는 방식이 달라서 오해가 생깁니다. 늘 웃고 있어서 아무 생각 없는 친구인 줄 알았는데 알고 보니 생각이 깊다거나, 늘 찌푸리고 있어서 괴팍한 친구인 줄 알았는데 의외로 따뜻한 면이 많다거나 했

던 적은 없나요? 내 주변 사람들을 단순하게 바라보는 바람에 그들을 오해한 적은 없었는지 떠올려 봅시다.

걔는 원래 저런 애일까?

♡ 우리는 똑같은 행동을 해도 나와 다른 사람에 대해서 아주 다른 방식으로 원인을 찾곤 합니다.

친구에게 반갑게 인사를 했는데 친구가 퉁명스럽게 반응했다고 상상해 봅시다. 또는 장난을 쳤는데 오늘따라 친구가 화를 내는 상황일 수도 있지요. 그러면 나는 '알고 보니 까칠한 애구나.'라고 바로 친구에 대해 판단을 내리기 쉽죠. 하지만 친구의 사정은 이럴 수 있습니다.

친구는 오늘따라 운이 나쁜 일이 많았어요. 부모님과 큰소리로 싸우고 집을 나서서 학교에 오는 길에 어떤 사람과 심하게 부딪쳤는데 그 사람이 미안하다는 얘기도 하지 않았습니다. 잔뜩 속상한 마음으로 학교에 왔는데 때마침 내가 장난을 쳤던 거죠. 친구는 얼떨결에 '그만해!'라고 화를 내고 말았답니다.

이렇게 사람들의 행동에는 많은 이유가 있습니다. 그 사람이 원래 까칠해서 그런 행동을 할 수도 있지만 그저 오늘따라 안 좋은 일이 많아서 신경이 곤두설 수도 있지요.

사람들은 자신의 행동에 대해서는 다 그럴 만한 이유가 있다고 생각하고 실수를 했을 때에도 내가 원래 그런 사람이 아니라 오늘따라 기분이 안 좋아서, 운이 나빠서 그랬다고 얘기합니다. 원인을 '바깥'에서 찾는다고 해서 이를 '외적 귀인'이라고 해요. 반면 같은 행동도 다른 사람이 하면 '쟤는 원래 저런 애인가 보다.'라고 재빠르게 그 사람의 인성 같은 '내면'에서 원인을 찾죠. 이를 '내적 귀인'이라고 합니다.

지각을 해도 내가 하면 오늘따라 길이 막혀서, 몸이 안 좋아서 같은 다양한 원인을 찾지만 다른 사람이 지각하면 '게으른 사람'이라고 쉽게 그 사람을 판단하죠. '내가 하면 로맨스 남이 하면 불륜'이라는 말처럼 자신의 행동은 호의를 가지고 가급적 해석을 좋게 하는 반면, 다른 사람의 행동은 쉽게 해석하고 결론을 내립니다.

다른 사람이 내 실수에 대해 '너는 원래 그런 애'라고 말하면 매우 억울하겠지요. 혹시 친구들의 실수에 대해 성급하게 판단한 적은 없는지, 친구를 '나쁜 사람'이라고 단정 짓고 친구를 멀리한 적은 없는지 생각해 봅시다. 내가 복잡하듯 다른 친구들도 복잡한 존재라는 점을 기억하도록 합시다.

우리는 서로 다르다

♡ 어떤 사람을 잘 이해한다는 것은 그 사람에 대해 성급한 판단을 내리지 않는 것입니다. 그럴 만한 이유가 있을 거라고 생각하거나 내가 그 사람의 입장이라면 어떻게 느꼈을지 생각해 보는 것이죠. 또 한 가지 중요한 것은 나와 그 친구는 서로 '다르다'는 것을 인정하는 것입니다.

샐리와 앤이 있어요. 샐리는 바구니를 가지고 있고 앤은 상자를 가지고 있습니다. 샐리가 바구니에 공을 집어넣었어요. 그리고 자리를 떴습니다. 샐리가 어디론가 가 버린 뒤 앤은 바구니에서 공을 꺼내 상자 속에 집어넣었어요. 잠시 뒤 샐리가 돌아왔습니다. 샐리는 공을 꺼내려고 해요. 샐리는 바구니와 상자 중 어디에서 공을 찾을까요?

답은 '바구니'입니다. 샐리는 자기가 없었던 사이에 앤이 공을 꺼내 상자에 넣었다는 사실을 전혀 모르기 때문이죠. 샐리는 자기가 바구니에 공을 넣었으니 공이 여전히 바구니에 있을 거라고 생각할 거예요.

이런 질문을 하면 대부분 정답을 잘 말합니다. 하지만 네 살 이하의 아이들은 '상자'라고 답해요. 자기들은 앤이 공을 옮기는 것

사람들과 함께 살아가려면

을 보았고 따라서 공이 상자에 있다는 것을 분명히 알고 있는데 샐리는 이 사실을 모른다는 것을 이해하지 못합니다. 즉 같은 장소에 있어도 나와 다른 사람의 경험이 다를 수 있다는 사실을 이해하지 못하는 것이죠.[29]

점점 나이가 들면서 같은 장소에서 같은 걸 보고 듣더라도 사람에 따라 느낌과 생각이 전혀 다를 수 있다는 것을 조금씩 이해하기 시작합니다. 내가 좋아하는 것을 다른 사람은 싫어할 수 있고, 내가 이해한 것과 다른 사람이 이해한 것은 다를 수 있다는 것도 알게 되지요. 이렇게 모두 나와 똑같지 않다는 것을 알게 되면서 점점 다른 사람들을 이해하는 능력도 자라게 됩니다.

하지만 여전히 직접 경험할 수 있는 것은 오직 나의 느낌과 생각입니다. 친구의 마음속에 들어가서 친구의 느낌과 생각을 실제로 체험할 수는 없잖아요? 다른 사람의 마음속을 투명하게 비춰 주는 마법 구슬 같은 것도 없지요. 그래서 보통 우리는 '다른 사람도 내가 느낀 것과 비슷하겠지.'라고 짐작합니다.

제가 어렸을 때 아주 좋아하던 가수가 있었어요. 친구 생일 때 친구도 좋아할 거라 생각하고 그 가수의 사진을 잔뜩 선물해 준 적이 있습니다. 친구는 고마워하긴 했지만 아마 당황했을 거예요. 친구는 나와 다를 수 있다는 사실을 충분히 고려하지 않아서 생긴 일이었답니다.

도움을 주는 것도 마찬가지입니다. 아파서 집에서 쉬고 있는 친구가 심심할까 봐 전화 통화를 세 시간이나 했던 적이 있어요. 친구는 그저 집에서 푹 쉬고 싶었을 텐데 내 맘대로 해 버린 것이죠. 좋은 의도로 도우려 했지만 사실은 친구를 더 피곤하게 만들었을지도 모르겠어요. "전화해도 돼? 피곤하면 말해 줘. 내가 어떻게 도와줄까?"라고 친구에게 한 번만 물었어도 좋았을 텐데 말이죠.

　'내가 그랬으니까 너도 그럴 거야.'라는 생각을 한 적은 없는지 생각해 봅시다. 누가 내게 '이걸 해 볼까 하는데 어때?'라고 조언을 구한다면 '나는 좋았지만 너는 좋지 않을 수도 있어.' 또는 '나는 별로였지만 너는 좋을지도 모르지.'라고 얘기해 보는 건 어떨까요? 너는 나와 다르니 내 경험은 참고만 하라고, 선택은 너의 몫이라고 이야기해 주는 거예요. 도움을 줄 때도 내 맘대로 주는 건 쓸데없는 오지랖에 불과합니다. 항상 상대방의 생각을 묻는 게 좋아요. 그러지 않고 내 방식, 내 취향을 일방적으로 강요하는 일은 없도록 합시다.

　나 중심적인 생각에서 얼마나 빨리 벗어나느냐에 따라 사람들을 잘 이해하는지 아니면 '꽝'인지가 갈리게 됩니다.

말하지 않으면 아무도 몰라

♥ 우리는 내 느낌과 생각, 경험을 위주로 다른 사람의 경험을 해석하곤 합니다. 그러다 보니 내 머릿속이 남들에게 훤히 보일 것이라고 착각하는 현상, 바로 '투명 착각'이 일어나곤 합니다.

사람들에게 애국가나 유명한 만화 주제가를 머릿속으로 불러 보라고 합니다. 부르면서 손가락으로 장단을 맞춰 보라고 하지요. 다른 사람이 이 모습을 보고 어떤 노래를 부르고 있는지 맞힐 수 있을까요?

이런 질문을 하면 사람들은 자신이 머릿속에서 부르고 있는 노래를 다른 사람들이 알아맞힐 거라 생각합니다. 하지만 실제로 해 보면 무슨 노래인지 맞히는 사람은 거의 없죠.[30]

왜 이런 현상이 나타날까요? 머릿속에서 부르는 노래는 다른 사람에게 전혀 들리지 않아요. 따라서 다른 사람들은 어떤 노래인지 알 방법이 없죠. 하지만 우리는 이 사실을 잘 떠올리지 못합니다. 그저 내 머릿속에서 이 멜로디가 너무 잘 들리니까 어떻게든 남들에게 전달될 거라고 생각해 버리죠.

이런 식으로 우리는 마음속의 생각이나 걱정을 굳이 얘기하지 않아도 다른 사람이 알 것이라고 생각합니다. 하지만 말하지 않으면 몰라요. 알 수가 없어요. 따라서 내가 말하지 않으면서 친구들이 내 마음을 몰라준다고 서운해 하지 마세요. 나 역시 친구가 정확하게 얘기하지 않으면 여러 가지 추측만 할 뿐 친구의 마음을 몰라 답답해 할 테니까요.

친구나 부모님에게 내 기분과 생각을 전달해야 한다면 최대한 말로 자세히 표현해 보도록 합시다. 편지도 좋아요. 표현하지 않으면 내 마음을 알리기 어렵다는 사실을 기억해 봅시다.

눈치 보지 않기

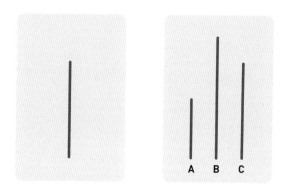

♥ 위의 선을 봅시다. A, B, C 중 왼쪽에 있는 선과 가장 길이가 비슷한 선은 무엇인가요?

사람들과 함께 살아가려면

다음과 같은 상황을 한번 상상해 봅시다. 여러 명이 둘러앉아 이 질문에 한 명씩 답합니다. 첫 번째 사람은 B라고 말했어요. 두 번째 사람도 자신 있게 B라고 말했어요. 세 번째 사람도, 네 번째 사람도 B라고 말합니다. 당신이 마지막으로 답할 차례예요. 이럴 때 당신은 뭐라고 답할 건가요?

실제로 이런 실험을 하면 답이 명백하게 C라는 것을 알아도 약 70퍼센트의 사람들이 B라고 답하는 현상이 나타납니다.[31]

왜 이런 현상이 나타날까요? 사람은 '눈치'를 보는 동물이에요. 무엇을 할 때 다른 사람들이 어떻게 생각하고 어떻게 반응하는지를 살피지요. 어떤 행동을 해야 하고 어떤 행동을 하면 안 되는지를 정할 때도 주변의 반응을 살핍니다.

어떤 방에 들어갔는데 모두가 시끌벅적하게 떠들고 있다면 나도 같이 떠들 거예요. 반면 모두가 한마디도 하지 않고 조용히 앉아 있다면 나도 조용히 있을 겁니다. 이유는 모르겠지만 다들 그렇게 하고 있으니 그게 옳은 것이라고 생각하죠. 모두가 떠들 때 혼자 조용히 있거나 또는 모두가 조용히 있는데 혼자 시끄러운 소리로 이야기하는 사람을 이상한 사람이라고 여기곤 합니다.

이렇게 우리는 자신의 기준만 가지고 어떤 행동을 할지 정하는 것이 아니라 주변 사람들이 어떻게 하고 있는지를 보고 판단하곤 합니다. 그래서 다수인 사람들은 영향력을 가지게 됩니다. 같은 생각이나 행동을 하는 다수의 사람들 또는 집단이 자동적으로 그 상황의 '규칙'을 정하게 됩니다.

따라서 위의 질문처럼 답이 너무나 당연한 상황에서도 나를 제외한 다수의 사람들이 B가 답이라고 하면 갑자기 갈등이 시작됩니다. '모두가 B라고 하는 걸 보니 나만 모르는 어떤 이유가 있는 것 같아. B가 정말 답이면 어쩌지? 내 눈이 잘못되었나?'라는 생각을 하게 되죠. 이렇게 갈등하다가 결국 다수의 압력에 못 이겨 자신도 B라고 대답합니다. '다들 B가 답이라고 하니까, B가 맞겠지!'라고 하면서요. 반면 혼자 있는 상황에서 물어 보면 99퍼센트의 사람들이 자신 있게 C라고 대답합니다.

청소년 시기는 친구들과 교실에서 단체 생활을 하는 만큼 주변 친구들의 영향을 많이 받습니다. 친구들이 뭐라고 하는지, 어떻게 행동하는지에 따라 '옳다, 그르다'는 기준이 달라지지요. 힘 있는 친구의 말에 따라 다른 친구를 괴롭히기도 하고, 다른 애들이 다 하니까 나도 똑같이 해야 할 것 같은 압박감을 느끼기도 합니다. 하지만 그렇게 우르르 같이 움직일 때에도 한 가지는 기억합시다. 모두가 하더라도 잘못된 행동은 결국 잘못된 행동이고, 아무도 하지 않더라도 옳은 행동은 분명 옳은 행동이라는 사실을요.

다수가 그랬다 해도 그릇된 행동을 하게 되면 시간이 지나도 내가 잘못했다는 사실은 변하지 않습니다. 모두가 '예'라고 할 때

혼자 '아니오'라고 할 수 있는 용기가 필요할 때가 언제인지 생각
해 봅시다.

갈등을 두려워하지 말자

♥ 당신이 어떤 실험에 참여했다고 생각해 봅시다. 하얀 가운을
입은 실험자가 실험 방법을 설명해 주었습니다. 앞에 앉은 사람
이 문제를 틀릴 때마다 조절기를 돌려 전기 충격을 주라고 말이
지요. 전기 충격은 잘 느껴지지 않을 만큼의 충격에서부터 따끔
할 정도의 충격, 심한 괴로움, 사망에 이를 정도의 강한 충격까지

그 강도가 다양했어요. 앞에 앉은 사람이 문제를 틀릴 때마다 조금씩 강도를 올려 더 강한 충격을 주어야 합니다.

참으로 끔찍한 상황입니다. 하지만 실제 이런 실험을 했을 때 약 70퍼센트의 사람들이 땀을 뻘뻘 흘릴 정도로 고통스러워 하면서도 단지 가운을 입은 실험자가 시킨다는 이유로 앞에 앉은 사람에게 극심한 전기 충격을 주고 말았답니다.

물론 전기 충격은 가짜였어요. 전기 충격을 받는 역할을 맡은 사람은 실험자가 고용한 전문 배우였죠. 하지만 참가자들은 그 사실을 몰랐고 전기 충격이 진짜라고 생각했습니다.

이 실험은 실험자의 이름을 따서 '밀그램의 복종 실험'이라고 불립니다.[32] 전기 충격을 주지 않겠다고 반발해도 될 텐데 많은 사람들은 단지 실험자가 시켰다는 이유 하나만으로 말도 안 되는 명령에 복종하고 말았던 것입니다.

이렇게 사람들은 명령에 약한 모습을 보입니다. 하지만 명령에 쉽게 복종하는 것도 사람마다 차이가 있지요. 어떤 사람이 잘 복종하고 어떤 사람이 그렇지 않을까요? 의외로 갈등을 피하고 매사에 주변 사람들과 좋은 관계를 유지하려고 애쓰는 사람들이 그렇지 않은 사람들에 비해 명령에 쉽게 복종할 가능성이 높았습니다.

왜 이런 현상이 나타나는 걸까요? 갈등이 두렵기 때문입니다.

　　　　　　　사람들과 함께 살아가려면

말을 따르지 않으면 명령하는 사람이 화를 내거나 기분 나빠 할 것 같으니까 일단 갈등을 피해 보겠다는 생각에서 잘못된 일을 저지르고 마는 것입니다.

이 실험이 주는 교훈은 이렇습니다. 사람은 누구나 자기보다 힘 있는 사람의 부탁이나 명령에 약합니다. 거절해야겠다는 생각보다 일단 따라야겠다는 생각을 먼저 하죠. 명령의 힘은 강력하답니다. 따라서 명령이나 요구, 부탁이 혹시 잘못된 것인지 잘 살펴보아야 합니다. 잘못된 일을 하지 않기 위해 옳고 그름을 따지며 비판적으로 사고할 필요가 있지요. 그게 부모님의 요구든 선생님의 요구든 또는 친구의 요구든지 말이에요.

그리고 갈등을 두려워하고 늘 착해 보이려는 사람들이 오히려 큰 잘못을 저지를 수 있다는 사실을 기억합시다. 비 온 뒤에 땅이 굳는 것처럼 해결해야 할 문제가 있을 때에는 좀 시끄럽더라도 갈등이 있어야 합니다. 무조건 갈등을 피하고 조용히 넘어가려 하면 문제를 방치하게 되어 결과적으로 더 나쁜 상황이 되기도 하죠.

안타깝게도 어른들은 말을 잘 들으라고만 가르칩니다. 하지만 위에서 살펴봤듯이 말을 잘 듣는 사람들이 만드는 사회가 언제나 아름다운 것은 아닙니다.

어른들의 지시 또한 잘못될 수 있습니다. 어른들도 완벽하지 않기 때문에 그들의 지시가 항상 옳지는 않다는 걸 기억합시다. 어른들의 지시나 요구도 무조건 따를 것이 아니라 때로는 비판적인 태도를 갖고 우리 스스로 판단할 필요가 있다는 걸 잊지 맙시다.

나를 찾는 심리 탐구서

6

친구와
잘 지내려면

좋은 친구

♥ 인생을 살아가면서 마음을 숨김없이 털어놓을 수 있는 친구가 있느냐 없느냐는 중요합니다. 수십 년의 연구 끝에 친구는 행복과 건강의 가장 큰 비결이라고 밝혀지기도 했죠.[33] 특히 힘들 때 주변에 친한 친구가 있는 사람들은 어려움을 비교적 쉽게 잘 이겨 내는 반면 그렇지 않은 사람들은 점점 더 비관적으로 변하거나 우울해지기도 합니다. 또 앞서 말했지만 내 모습을 있는 그대로 보여 줄 수 있는 친구는 나를 제대로 발견하는 데 도움을 줍니다.

친구는 '양'이 중요할까요, 아니면 '질'이 중요할까요? 무조건 친구가 많은 게 좋을까요, 아니면 정말 친한 친구 몇 명만 있어도 좋을까요?

정답이 있는 것은 아니지만 적어도 외로움을 줄이는 데에는 관계의 양보다 질이 더 중요합니다. 물론 사람마다 필요로 하는 관계의 양이 달라서 어떤 사람은 한두 명의 친한 친구만 있으면 괜찮은 반면 어떤 사람은 적어도 열 명 정도 필요하기도 하지요. 여러분은 어떤 편인가요?

나도 누군가에게 이런 좋은 친구인지 한번 생각해 봅시다. 내가 그런 좋은 친구가 되어 줄 때 상대방도 나에게 좋은 친구가 되어 주니까요.

친구들은 생각보다 나를 좋아한다

♥ 친구가 나를 싫어할까 봐, 나랑 같이 있는 걸 좋아하지 않을까 봐 두렵다면 이렇게 생각해 봅시다. 내가 다른 친구들을 좋아하는 이유는 무엇인가요? 그 친구가 완벽하고 단점이 하나도 없어서 좋아하는 것은 아닐 거예요. 어떤 친구는 재미있어서, 어떤 친구는 엉뚱해서, 또 어떤 친구는 솔직해서 등 우리는 사람들을 각기 다른 이유로 좋아하곤 합니다. 친구들도 마찬가지예요. 내가 똑똑하거나 재미있지 않아도 다양한 이유로 나를 좋아합니다.

또 연구에 의하면 인간관계에 두려움이 많은 사람들은 "친구들은 날 별로 좋아하지 않을 거야."라고 말합니다. 하지만 실제로 그렇게 말한 사람들의 친구들에게 물어 보니 생각보다 훨씬 그 사람들을 좋게 생각하고 있었어요. 즉, 자신감이 없을 때 내 생각은 틀렸을 가능성이 높아요. 친구들은 내가 생각하는 것보다 나를 더 좋아하고 있을 확률이 높습니다.

모두의 친구가 되지 않아도 괜찮다

♥ 간혹 모든 사람들과 아주 좋은 관계를 유지하려고 노력하는 사람들이 있습니다. 물론 그렇게 될 수 있다면 좋겠지요. 문제는 사람을 사귀는 데에는 많은 시간과 노력이 든다는 것입니다. 우리에게 시간과 정신력이 무한하다면 모두에게 똑같은 열정을 쏟는 것이 가능합니다. 하지만 보통은 그렇지 않죠. 모두와 좋은 관계를 맺지 못하더라도 괜찮습니다. 대부분의 사람들이 그렇기도 하고요.

또 모두와 좋은 친구가 되는 것이 당연한 것도 아닙니다. 사람들은 다 다르니까요. 사실 서로 다른 사람들이 마음을 열고 친해질 수 있다는 건 놀라운 일이죠. 마음이 맞지 않는 친구들을 만나면 그러려니 하고 마음이 맞는 친구들을 찾으면 됩니다. 마음이 잘 맞지 않는 친구들 때문에 실망하기보다 마음이 맞는 친구를 찾으면 그걸 기뻐하도록 합시다.

이렇게 넓고 넓은 우주의 그 많은 별들 중 이 지구에서, 서로 다른 수많은 사람들 가운데 나와 비슷하고 말이 통하는 사람을 만난다는 건 기적 같은 일이니까요.

친구와 공통점을 찾자

♥ 보통 공통점이 많은 사람들이 쉽게 친해지곤 합니다. 멀리 떨어져 있는 사람들보다 가까이 살아서 서로 자주 보고 이야기를 나누면 더 쉽게 친해지곤 하죠. 특히 비슷한 경험을 공유할 수 있는 사람들은 더 빨리 친해집니다. 예컨대 같은 가수를 좋아한다거나 엉뚱한 생각을 자주 하는 게 비슷해서 "나도 그랬는데, 너도?"라고 할 수 있는 사람과 더 쉽게 친해지는 현상이 나타나요.[34] 비슷한 고민을 하거나 꿈이 비슷하면 내면의 깊은 느낌과 생각을 공유할 수 있어 더욱 친해질 수 있지요.

어떤 사람에게 호감이 생겼는데 함께한 경험이 없다면 앞으로 만들어 가는 것도 좋습니다. 그러기 위해선 먼저 많은 대화를 나누며 서로의 공통점을 찾아가기 위해 노력해야겠죠?

친구에게 나를 보여 주자

♥ 관계가 서먹한 사람들은 어제 본 텔레비전 프로그램이 어떻고, 시험이 어떻고 하는 피상적인 대화를 주로 나눕니다. 그러다가 점점 관계가 진전되면서 개인적인 생각을 나누죠. "나는 사실 이렇게 생각해. 요즘 이런저런 고민이 있어." 같은 마음을 드러내는 이야기들 말이에요.

이 단계로 나아가지 않고 계속해서 그냥 웃긴 이야기나 가십거리 같은 이야기만 나누면 아무리 오래 알고 지내도 서로가 어떤 사람인지 알기 어렵답니다. 마음속에 있는 이야기를 나눈 게 아니니까요. 모르는 사람을 좋아하기 어려운 것은 당연한 일이죠. 좀 더 친해지고 싶은 사람이 있다면 우선 나에 대해서 좀 더 말해 봅시다. 내가 어떤 느낌과 생각을 가지고 있으며, 어떤 비밀이 있는지 같은 이야기들 말이에요. 보통은 내가 다가가는 만큼 상대방도 마음을 열지요.

친구는 나와 다르다는 걸 인정하자

♥ 친한 관계에서 꼭 잊지 말아야 할 것이 있습니다. 공통점도 많지만 차이점도 많다는 사실이죠. 대부분의 경우 의견이 비슷할지라도 분명 의견이 다를 때도 있습니다. 나는 탕수육을 소스에 찍어 먹는 걸 좋아하는데 친구는 소스를 부어 먹는 걸 좋아한다든지, 나는 알록달록 색깔 옷을 좋아하는데 친구는 무채색 옷을 좋아한다든지, 나는 이상한데 친구는 괜찮게 생각한다든지 다름은 매우 자연스러운 것입니다. '친한 친구라면 항상 의견이 같아야 한다.'거나 '갈등은 절대 없어야 한다.'는 생각은 버리도록 해요. 의견이 달라도 괜찮습니다. 의견이 다를 때는 내 의견이 존중되길 바라는 만큼 친구의 의견도 존중해 주면 그만이니까요. 나와 다르면 이상하다거나 내가 무조건 옳다는 식의 태도는 버려야 합니다. 친구가 무조건 자기가 옳고 나는 전부 틀리고 이상하다고 말하면 기분 나쁘지 않겠어요?

어렸을 때 과자를 물에 적셔 먹는 친구를 보고 특이한 습관이라며 놀렸던 적이 있어요. 하지만 생각해 보니 남들이 보기에 특이하다고 생각할 수 있는 점이 나에게도 있었죠. 그런 내 취향을 친구가 놀린다면 기분이 나쁠 것 같았어요. 그래서 친구에게 놀려서 미안하다고 바로 사과한 적이 있습니다.

함께 어디를 가자거나 어떤 영화를 보자고 할 때 친구가 싫어한다고 해서 기분 나빠 할 필요도 없습니다. 나도 분명 귀찮거나 싫어하는 활동들이 있으니 말이에요. 친구가 마라톤을 같이 뛰자고 하면 무조건 같이할 수 있나요? 내가 마라톤은 좀 무리라고 말했을 때 친구가 기분 나빠 한다면 얼마나 당황스럽겠어요.

친구에게 "같이 할래?"라고 묻고 친구가 싫다고 하면 친구의 의사를 존중해 주면 됩니다. 때로는 묻지도 않고 내 맘대로 어떤 걸 할지 정해 버리기도 하죠. 하지만 그건 친구에게 실례가 될 수 있어요. 앞서 우리는 '자율성'이 얼마나 중요한지 살펴보았습니다. 내가 선택권을 원하듯 다른 사람에게도 똑같이 선택권을 주어야 합니다. 그러니 꼭 물어봅시다. "같이 할래?", "너는 뭘 하고 싶어?"라고 말이지요.

도움을 줄 때도 마찬가지입니다. 친구에게 묻지 않고 내 멋대로 참견하기보다 "도와줄까? 내가 뭘 하면 좋을까?"라고 물어봅시다. 친구가 원하지 않는데 내 방식대로 도움을 주면 쓸데없는 참견이 되거나 친구를 곤란하게 만들 수도 있으니까요.

또 내가 원해서 친구에게 도움을 주었고 뿌듯함을 느꼈다면 그걸로 만족하도록 해요. 내가 원해서 한 일인데 '어떻게 나한테 이럴 수 있어!'라며 친구에게 서운해 하는 일은 없도록 합시다.

친구와 잘 지내려면

친구랑 갈등이 생겼다고?

♥ 우리는 서로 다르기 때문에 의견이 충돌하거나 갈등이 생기는 것은 당연합니다. 갈등을 겪다 보면 화가 나기도 하죠. 하지만 그럴 때에도 조심할 것들이 있어요.

첫째는 상대방의 의도를 내 멋대로 부풀려서 이상하게 해석하지 않는 것입니다. 누군가 미울 때는 신발을 신거나 밥을 먹는 등 그 사람의 일상적인 행동만 봐도 미워 보이기 마련입니다. 그 사람의 의미 없는 말에도 '나를 미워해서 저런 말을 했다.' 같이 비뚤어진 해석을 하게 되죠. 어떻게든 "걔는 나쁜 애야!"라고 생각합니다. 하지만 누군가 나에 대해 그런 오해를 한다고 생각해 봅시다. 얼마나 억울하겠어요? 그런 의도로 말하거나 행동한 것이 아닌데 '너는 이런 나쁜 의도를 가지고 나한테 일부러 그랬잖아!'라고 한다면 말이에요.

우리는 상대방의 마음속을 들여다볼 수 없어요. 탐정이 사건을 추리하듯 '친구가 이렇게 이야기하고 행동했으니까 대충 이런 생각을 하고 있겠지.'라며 짐작할 뿐이지요. 이렇게 잘 알지도 못하면서 혼자 멋대로 해석하고 화를 내는 것은 어리석은 일입니다. 갈등이 있다면 꼭 대화를 통해 오해를 풀도록 합시다.

둘째는 '말 조심'입니다. 친구의 의견에 동의하지 않을 때 자신의 의견을 말하는 것은 괜찮습니다. 하지만 의견이 다르다고 친구의 외모나 인성을 공격하는 말은 하면 안 됩니다. 못생기고 뚱뚱하니 이상한 소리를 한다든가, 저런 소리를 하는 걸 보니 멍청한 것 같다는 말은 옳지 않습니다. 친구에게 상처를 줄 뿐만 아니라 언젠가 고스란히 나에게 돌아올 수 있으니까요.

그런 공격을 쏟아 냈을 때 잠깐 동안은 속이 시원할 수 있지만 결국 그런 저열한 인신공격을 해 버린 사람이 '나'라는 사실은 변하지 않습니다. 내가 듣기 싫은 말은 절대 남에게도 하지 맙시다. 화가 났을 때는 일단 숨을 고르고 생각을 충분히 정리한 뒤 이야기하는 게 좋습니다. 그게 어렵다면 차라리 글로 정리해서 전달하는 것도 좋은 방법입니다.

친구 사이에도 선을 지키자

♥ 친한 사이에서도 넘지 않아야 하는 '선'이 있습니다. 친구의 약점을 놀리거나 심하게 장난치는 일은 하지 말아야 합니다. 누구나 예민하게 생각하는 것들이 한두 가지 정도 있을 거예요. 몸무게, 키, 성적 등 사람마다 예민한 것은 다 다르죠. 평소에는 장난치며 짓궂게 노는 친구 사이에도 넘지 않아야 하는 '선'이 있다는 것을 기억합시다.

살다 보면 누구나 실수할 수 있어요. 친구들도 그렇고 나 역시 그렇죠. 의도했건 아니었건 간에 누군가에게 상처를 주었다면 미안하다고 빨리 사과하도록 해요. 사과는 늦는 것보다 빠른 것이 좋으니까요. 사과가 늦어지면 그 사이 상대방은 내 의도를 나쁘게 해석하거나 더 많은 오해를 쌓아 두지요. 그러면 화해가 더 어려워진다는 사실을 기억합시다. 먼저 사과를 하면 진다고들 생각합니다. 하지만 용기를 내서 먼저 다가갈 수 있는 사람이 멋진 사람입니다.

우리는 보통 내가 저지른 실수나 잘못은 그럴 수 있다고 과소평가하지만 남이 나에게 저지른 실수는 어떻게 그럴 수 있냐며 절대 용서할 수 없다고 다소 과대평가하곤 합니다. 혹시 이런 생각을 갖고 있진 않은지 생각해 봅시다. 내 실수에는 엄격하고 친구의 실수에는 너그러워지도록 노력합시다.

나의 주인은 나

♥ 청소년기에는 친구들에게 많은 영향을 받습니다. 친구의 말이나 친구들과의 관계가 세상 모든 것인 양 느끼지요. 부모님과 선생님의 평가도 아주 중요해서 혼이라도 나면 스스로 가치 없는 존재라고 느끼기도 합니다. 아니면 '아예 비뚤어지겠어!' 같이 반항하는 마음이 들기도 하죠. 공부 또한 인생의 전부인 것 같아서 성적이 나쁘게 나오면 다 끝난 것처럼 느껴지기도 합니다. 하지만 이 시기는 곧 지나간다는 사실을 기억합시다.

저 역시 학교생활이 끔찍했던 날들이 있었어요. 때로는 하루가 열흘같이 느껴질 때도 있었지요. 분명한 사실은 언젠가 끝이 있다는 겁니다.

시간이 지나면서 나를 둘러싼 환경도 바뀌게 됩니다. 중요하게 여겨지는 가치도 바뀌게 되죠. 그러다 보면 끔찍했던 시간은 끝나고 좋은 일이 생기기도 합니다. 물론 싫은 일이 새롭게 생기기도 하죠. 여기서 중요한 사실은 삶은 계속 '변한다'는 거예요. 지금 내가 전부라고 생각하는 것들이 앞으로도 내 삶의 전부일 가능성은 낮다는 걸 꼭 기억하길 바래요. 지금 하루하루가 힘들다고 해서 내일도 힘든 법은 없으니까요. 나이가 들고 어른이 될수록 힘든 일을 피하거나 잘 다루는 지혜도 얻게 됩니다. 시간이 지나면서 점점 더 단단하고 쓰러지지 않는 사람이 될 거예요.

내 삶을 사는 것은 결국 '나'입니다. 다른 사람들이 살아 주는 게 아니죠. 따라서 내가 원하는 게 무엇인지가 가장 중요해요. 다른 사람들이 원하는 대로만 살다가 '뭐야, 하나도 행복하지 않잖아!'라고 해 봤자 그들이 해 줄 수 있는 일은 아무것도 없거든요. 아무도 내 삶을 책임져 주지 않습니다. 살면서 겪게 될 모든 성공과 실패, 기쁨과 괴로움은 모두 나의 것이고 나의 책임입니다. 다른 사람이 하라는 대로 하고 나중에 원망할 바에야 내 뜻대로 살고 후회라도 없는 편이 낫지 않을까요? 물론 이것 또한 본인의 선택입니다.

내 인생을 만드는 것도 '나'입니다. 내가 어떻게 생각하고 어떤 결정을 내리느냐에 따라 많은 것들이 달라집니다. 내가 신경 쓰지 않기로 결정하면 나를 괴롭히는 잔소리나 친구의 괴롭힘도 어느 정도 무시할 수 있죠. 물론 노력이 필요하지만요.

마지막으로 내 몸의 주권 또한 온전히 나에게 있습니다. 내 몸으로 무엇을 할지 결정할 수 있는 것은 오직 나예요. 악수든 뽀뽀든 혹은 다른 어떤 것이라도 내가 원치 않는 행동을 누군가 요구하는 경우 '안 돼!'라고 해도 괜찮습니다. 내 몸으로 뭘 할지 결정할 수 있는 건 오직 나이니까요. 누군가 그런 나를 비난한다면 그건 그 사람의 잘못이지, 결코 내 탓이 아닙니다. 혹시 위험에 처한다면 주변에 믿을 만한 어른이나 상담 센터에 도움을 청하는 것도 잊지 맙시다.

친구와 잘 지내려면

나오는 글

♥ 지금까지 자신에 대해 많은 고민을 함께한 여러분, 진정한 나를 찾았나요?

진정한 나를 찾는 일은 하루아침에 이루어지는 건 아닙니다. 살아가면서 내내 생각하고 애쓰는 일을 멈추지 말아야 합니다. 또 나를 찾는 여정은 오직 나 자신만 들여다봐서는 안 됩니다. 나를 둘러싼 사회적 편견과 고정 관념도 살펴보고, 내 주위 사람들도 이해해야 합니다. 우리는 혼자 사는 동물이 아니라 함께 살며 서로 영향을 주고받는 사회적 동물이기 때문입니다.

우리가 살펴본 이야기들이 나와 내 주변 사람들, 그리고 내가 살아가는 이 사회를 이해하는 데 도움이 되길 바랍니다. 한 가지 더! 머리로 알게 되었더라도 실제 실천하는 것은 또 다른 일입니다. 마음이 힘들다고 느껴질 때 이 책을 다시 읽어 보며 생각을 정리하는 시간을 가지면 좋겠습니다. 계속해서 스스로 질문하고 답을 찾다 보면 언젠가 자신만의 길을 찾을 겁니다. 여러분의 나를 찾는 여행길이 때론 힘들더라도 아름답길 응원합니다.

1. 나의 진짜 모습은 무엇인가요?

이루고 싶은 나의 모습과 다른 사람들이 원하는 나의 모습에 대해 이야기를 나눠 봅시다. 이루고 싶은 모습과 다른 사람들이 원하는 모습은 비슷한가요? 다른가요? 다르다면 어떻게 다른지, 진짜 내 모습은 무엇인지 이야기해 봅시다.

2. 혈액형으로 성격을 판단할 수 있을까요?

연구에 따르면 혈액형은 성격과 전혀 상관없다고 합니다. 하지만 여전히 많은 사람들은 혈액형이 성격을 결정한다고 믿고 있습니다. 예를 들어 'A형인 사람은 소심하다.'와 같은 믿음이죠. 이렇게 성격이나 행동을 혈액형으로 판단하고 단정 지을 때 생길 수 있는 문제에 대해서 토론해 봅시다.

3. 우리를 둘러싼 편견이나 고정 관념을 벗어나기 위해 어떤 노력을 해야 할까요?

 연구에 따르면 여성과 남성의 수학, 언어, 공감 능력은 차이가 없다고 합니다. 하지만 여전히 여성은 남성보다 수학을 못한다거나 남성은 여성보다 언어 능력이 떨어진다는 편견을 믿는 사람들이 많습니다. '여자는, 남자는 이렇다.'는 편견이나 고정 관념 때문에 잘할 수 있거나 하고 싶은 일을 못한 경우가 있는지 이야기해 봅시다. 또 이밖에 우리가 가지고 있는 편견이나 고정 관념에는 어떤 것들이 있는지, 이를 벗어나기 위해 어떤 노력을 해야 하는지 토론해 봅시다.

4. 비교로 행복해질 수 있을까요?

 다른 사람과 자신을 비교하면서 괴로워하거나 좋아한 적이 있나요? 왜 그런 일이 생기는지 이야기해 봅시다. 다른 사람과 비교하는 것이 어떨 때 좋고 나쁜지, 자신의 행복에 어떤 도움이 되는지 친구들과 토론해 봅시다.

5. 결과가 중요할까요? 과정이 중요할까요?

어떤 일을 할 때 한 치의 모자람도 없이 완벽을 추구할 수도 있고, 매일 조금씩 나아지는 과정을 즐길 수도 있습니다. 완벽주의를 추구한다면 어떤 장단점이 있는지, 조금씩 발전하는 과정을 즐긴다면 어떤 장단점이 있는지 토론해 봅시다.

6. 내가 생각하는 '나'와 친구가 생각하는 '나'는 다른가요?

우리는 보통 자기 자신은 복잡하다고 여기는 반면 다른 사람은 단순하게 생각하는 경향이 있습니다. 친구와 함께 자신이 생각하는 '나'의 모습에 대해 적어 봅시다. 또 서로에 대해 어떻게 생각하는지도 적어 봅시다. 자신이 생각하는 '나'의 모습과 친구가 생각하는 '나'의 모습이 얼마나 다른지 비교해 보고 서로의 생각을 이야기해 봅시다.

7. 옳지 않은 요구나 지시에 어떻게 행동해야 할까요?

선생님이나 부모님이 옳지 않은 일을 시킨 적이 있나요? 그럴 때 어쩔 수 없이 따랐나요? 아니면 옳지 않다고 말했나요? 잘못된 일인 줄 알면서 했다면 왜 그렇게 했는지, 앞으로 비슷한 일을 겪는다면 어떻게 하면 좋을지 이야기해 봅시다.

8. 친구를 사귀는 방법에는 어떤 것이 있을까요?

누군가와 친구가 되고 싶은데 다가가지 못했던 적이 있다면, 그 이유에 대해 이야기해 봅시다. 또 좋은 친구를 사귀는 나만의 방법이 있다면 친구들과 공유해 봅시다.

참고 자료

1. Cohen, G. L., & Sherman, D. K. (2014). The psychology of change: Self-affirmation and social psychological intervention. AnnualReviewofPsychology, 65,333-371.

2. Schlegel, R. J., Hicks, J. A., Arndt, J., & King, L. A. (2009). Thine own self: True self-concept accessibility and meaning in life. JournalofPersonalityandSocialPsychology,96(2),473-490.

3. Schlegel, R. J., Hicks, J. A., Arndt, J., & King, L. A. (2009). Thine own self: True self-concept accessibility and meaning in life. JournalofPersonalityandSocialPsychology,96(2),473-490.

4. Higgins, E. T. (1987). Self-discrepancy: A theory relating self and affect. PsychologicalReview,94,319-340.

5. 4와 동일

6. 조소현, 서은국, & 노연정. (2005). 혈액형별 성격특징에 대한 믿음과 실제 성격과의 관계. 한국심리학회지: 사회 및 성격, 19,33-47

7. Baumeister, R. F., & Bushman, B. J. (2014). Socialpsychologyandhumannature(3rded.).Belmont,CA: Wadsworth

8. Fiske, S. T. (2009). Socialbeings:Coremotivesinsocialpsychology.JohnWiley&Sons.

9. Baumeister, R. F., Bratslavsky, E., Muraven, M., & Tice, D. M. (1998). Ego depletion: Is the active self a limited resource? JournalofPersonalityandSocialPsychology,74,1252-1265.

10. Critcher, C. R., & Ferguson, M. J. (2014). The cost of keeping it hidden: Decomposing concealment reveals what makes it depleting. JournalofExperimentalPsychology:General,143,721-735.

11. Johns, M., Schmader, T., & Martens, A. (2005). Knowing is half the battle teaching stereotype threat as a means of improving women's math performance. PsychologicalScience, 16,175-179

12. 1. Aronson, J., Lustina, M. J., Good, C., Keough, K., Steele, C. M., & Brown, J. (1999). When white men can't do math: Necessary and sufficient factors in stereotype threat. JournalofExperimentalSocialPsychology, 35,29-46.

13. Else-Quest, N. M., Hyde, J. S., & Linn, M. C. (2010). Cross-national patterns of gender differences in mathematics: A meta-analysis. Psychologicalbulletin,136,103-127.

14. Ceci, S. J., Williams, W. M., & Barnett, S. M. (2009). Women's underrepresentation in science: Sociocultural and biological considerations. PsychologicalBulletin, 135,218.

15. Himmelstein, M. S., & Sanchez, D. T. (2016). Masculinity in the doctor's office: Masculinity, gendered doctor preference and doctor–patient communication. PreventiveMedicine, 84,34-40.

16. Ryan, R. M., & Deci, E. L. (2000). Self-determination theory and the facilitation of intrinsic motivation, social development, and well-being. AmericanPsychologist,55,68-78.

17. Wansink, B., Smith, L. E., & Pope, L. (2015). Which Health Messages Work Best? Experts Prefer Fear-or Loss-Related Messages, but the Public Follows Positive, Gain-Related Messages. JournalofNutritionEducationandBehavior, 47,s93.

18. Lee, K., Talwar, V., McCarthy, A., Ross, I., Evans, A., & Arruda, C. (2014). Can classic moral stories promote honesty in children?. PsychologicalScience, 25,1630-1636.

19. Leary, M. R. (2004). Thecurseoftheself:Self-awareness,egotism,andthequalityofhumanlife. NY:OxfordUniversityPress

20. Gilovich, T., Medvec, V. H., & Savitsky, K. (2000). The spotlight effect in social judgment: An egocentric bias in estimates of the salience of one's own actions and appearance. JournalofPers onalityandSocialPsychology,78,211-222.

21. Lyubomirsky, S., & Ross, L. (1997). Hedonic consequences of social comparison: A contrast of happy and unhappy people. JournalofPersonalityandSocialPsychology,73,1141-1157.

22. Arigo, D., Suls, J. M., & Smyth, J. M. (2014). Social comparisons and chronic illness: research synthesis and clinical implications. Healthpsychologyreview, 8(2),154-214.

23. Steel, P. (2007). The nature of procrastination: A meta-analytic and theoretical review of quintessential self-regulatory failure. PsychologicalBulletin,133,65-94.

24. Hewitt, P. L., & Flett, G. L. (1991). Perfectionism in the self and social contexts: Conceptualization, assessment, and association with psychopathology. JournalofPersonalityand SocialPsychology,60,456-470

25. Ferrari, J. R. (1991). Self-handicapping by procrastinators: Protecting self-esteem, social-esteem, or both?. JournalofResearchinPersonality, 25,245-261.

26. Neff, K. D., Kirkpatrick, K., & Rude, S. S. (2007). Self-compassion and its link to adaptive psychological functioning. JournalofResearchinPersonality,41,139–154.

27. Neff, K. D., & Vonk, R. (2009). Self-compassion versus global self-esteem: Two different ways of relating to oneself. JournalofPersonality,77,23–50.

28. Neff, K. D. (2003). Self-compassion: An alternative conceptualization of a healthy attitude toward oneself. SelfandIdentity,2,85–102.

29. Baron-Cohen, S., Leslie, A. M., & Frith, U. (1985). Does the autistic child have a "theory of mind"?. Cognition, 21,37-46

30. Gilovich, T., Savitsky, K., & Medvec, V. H. (1998). The illusion of transparency: Biased assessments of others' ability to read one's emotional states. JournalofPersonalityandSocialPsy chology,75,332-346.

31. Baumeister, R. F., & Bushman, B. J. (2014). Socialpsychologyandhumannature(3rded.).Belm ont,CA:Wadswort

32. 31과 동일

33. Diener, E., & Seligman, M. E. (2002). Very happy people. PsychologicalScience, 13,81-84.

34. Pinel, E. C., Bernecker, S. L., & Rampy, N. M. (2015). I-sharing on the couch: On the clinical implications of shared subjective experience. JournalofPsychotherapyIntegration,25,59-70.